浙江工商大学法学院资助

彭真民主法制思想研究与教育基金资助

U0749682

浙江工商大学长三角（先行）法治研究院

长三角法治一体化发展报告

（2020、2021年度合订本）

周　珂　宋　杰　苏新建　主　编

牛　翔　高丽华　孙思嘉　副主编

浙江工商大学出版社

ZHEJIANG GONGSHANG UNIVERSITY PRESS

·杭州·

图书在版编目（CIP）数据

长三角法治一体化发展报告. 2020、2021 年度合订本/
周珂，宋杰，苏新建主编；牛翔，高丽华，孙思嘉副主
编. — 杭州：浙江工商大学出版社，2022.7
ISBN 978-7-5178-5016-8

Ⅰ. ①长… Ⅱ. ①周… ②宋… ③苏… ④牛… ⑤高
… ⑥孙… Ⅲ. ①长江三角洲－社会主义法治－建设－研
究报告－2020、2021 Ⅳ. ①D927.5

中国版本图书馆 CIP 数据核字（2022）第 114123 号

长三角法治一体化发展报告（2020、2021 年度合订本）

CHANGSANJIAO FAZHI YITIHUA FAZHAN BAOGAO
（2020、2021NIANDU HEDINGBEN）

周　珂　宋　杰　苏新建 主编
牛　翔　高丽华　孙思嘉 副主编

出 品 人	鲍观明
策划编辑	沈　娴
责任编辑	费一琛
责任校对	夏湘娣
封面设计	朱嘉怡
责任印制	包建辉
出版发行	浙江工商大学出版社
	（杭州市教工路 198 号　邮政编码 310012）
	（E-mail:zjgsupress@163.com）
	（网址:http://www.zjgsupress.com）
	电话:0571-88904980,88831806（传真）
排　　版	杭州朝曦图文设计有限公司
印　　刷	杭州高腾印务有限公司
开　　本	710mm×1000mm　1/16
印　　张	11
字　　数	147 千
版 印 次	2022 年 7 月第 1 版　2022 年 7 月第 1 次印刷
书　　号	ISBN 978-7-5178-5016-8
定　　价	68.00 元

编写说明

　　本报告为浙江工商大学长三角（先行）法治研究院专项研究课题"长三角法治一体化发展基础研究"的成果。本研究院于 2019 年 11 月由浙江工商大学和中国人民大学共同设立，旨在落实党中央和习近平总书记长三角区域一体化发展战略，为之提供有关的法治保障理论和实证支持。本报告以学术蓝皮书为研究范式，通过文献信息分析、实证调研和学术研讨等途径，总结长三角各年度法治发展进程，分析发展趋势，做出学术评价，为长三角法治实务和教学科研工作提供智力支持。本报告为 2020 年度和 2021 年度研究报告合订本。本研究课题组成员有：周珂、宋杰、竺效、苏新建、牛翔、杨东、徐澜波、徐祥民、汪锦军、李蓉、童列春、王惠、马齐林、豆星星、毛益民、张雅娟、何东、曹瑞芬、王蕾、徐媛媛、王云霞、高丽华、孙思嘉、丁霖、王斐、王普、赵冉、夏晨、孟婷钰、杨帆、吴怡频、季若望、张伟、许春晖、胡骋、穆彬、陈微、张天玉、高晨笑、蒋昊君、丁妍、秦赞瑾、潘杰、朱慕雅。

浙江工商大学长三角（先行）法治研究院院长　周　珂

2022 年 3 月 7 日

目　录

长三角法治一体化发展年度报告（2020 年）

长三角法治一体化发展年度报告(2021年)

长三角法治一体化发展年度报告(2020 年)

一、前言

党的十九大报告指出要"实施区域协调发展战略","创新引领率先实现东部地区优化发展,建立更加有效的区域协调发展新机制"。2018 年 11 月 5 日,习近平总书记在首届中国国际进口博览会上宣布,支持长江三角洲区域一体化发展并上升为国家战略,着力落实新发展理念,构建现代化经济体系,推进更高起点的深化改革和更高层次的对外开放,同"一带一路"建设、京津冀协同发展、长江经济带发展、粤港澳大湾区建设相互配合,完善中国改革开放空间布局。习近平总书记指出:"法治是国家治理体系和治理能力的重要依托。只有全面依法治国才能有效保障国家治理体系的系统性、规范性、协调性,才能最大限度凝聚社会共识。"①长三角一体化"高质量"发展,离不开法治的保障,而如何通过法治保障区域协调发展,协同推进城市群建设,从而使长三角成为带动我国经济发展和改革开放的龙头,经历了中央层面和长三角区域层面的长期探索。

---

① 习近平:《论坚持全面依法治国》,中央文献出版社 2020 年版,第 3 页。

二、中央顶层设计与长三角法治发展

中央顶层设计长期指导和支持长三角区域协调发展，主要通过设立内设机构，发布指导性、规范性文件（战略纲要、规划、规划纲要）等方式。中央层面的顶层设计不仅促进了长三角不断向高质量一体化发展迈进，也不断指引、推进长三角法治发展的进程。有学者对中央法律文件类的区域合作条款进行统计和整理后认为，"基于法律和行政法规中的绝大多数区域合作条款采用了'协商'的概念，可以把区域合作条款概称为'协商条款'。协商条款有三种模式，即选择性模式、程序性模式和授权性模式。无论是哪一种模式的协商条款，都是对地方政府自主权的扩大，并惠及地方人大的立法权"，"以国民经济和社会发展规划（计划）为主的全国人大有关区域合作的法律文件，并不是法，但却具有法律效力"①。

早在 1982 年，国务院就决定建立上海经济区，包括长江三角洲的苏州市、无锡市、常州市、南通市、杭州市、嘉兴市、湖州市、宁波市等城市；决定成立上海经济区规划办公室，其任务是，"从国民经济发展的全局出发，统筹安排，制订经济区和基地内的经济、社会发展规划，协调经济区和基地内部门之间、地方之间和部门与地方之间的关系，促进生产力的发展。使经济区和基地同全国经济的发展紧密地结合起来"，并且"经济区和基地内的城市和

---

① 叶必丰：《区域合作的现有法律依据研究》，载《现代法学》2016 年第 2 期，第 41 页。

企业,都不改变行政隶属关系"①。"1986 年 7 月 10 日,上海经济区省市长会议在杭州召开,基本同意了前后八易其稿的《上海经济区发展战略纲要》。"②《上海经济区发展战略纲要》指出,"一体化是建立经济区的本质要求,也是区域经济发展的'目标模式'。它的基本含义是,建立以劳动地域分工为基础的,实行专业化协作和综合发展相结合的区域性经济联合体系,即在经济区范围内,对关系到区域经济发展全局,非一省一市或一个部门能够解决的一些重大问题,如外贸、能源、交通、新兴产业、江河治理等,实行统一规划,合理安排;专业分工,优化组合;扬长补短,协调发展;以达到联合起飞,共同繁荣的目的"③。1988 年在国务院进行机构改革的大背景下,上海经济区规划办公室被撤销。

2008 年 9 月 7 日《国务院关于进一步推进长江三角洲地区改革开放和经济社会发展的指导意见》中将"坚持一体化发展"作为主要原则,并指出要"加强区域立法工作的合作与协调,形成区域相对统一的法制环境"④。

2010 年 5 月《长江三角洲地区区域规划》在第十章第(五)加强法制环境建设部分中对"国务院意见"进行了细化,提出要"加强区域内地方性法规、规章和规范性文件的制定、清理、审查备案工作的协作,形成区域相对统一的法制环境。制定和实施区域协调统一的依法行政考核指标体系,全面推进依法行政。加强城市管理行政执法规范化建设,进一步规范行政执法行为,建立健全信息共享和动态跟踪制度,推进相对集中行政处罚权和综合行政执法试点,建立健全行政执法争议协调机制,严厉查处节能减排、环境保

---

① 《国务院关于成立上海经济区和山西能源基地规划办公室的通知》(国发〔1982〕152 号),1982 年 12 月 22 日。

② 李立军:《20 年前的"长三角"试验——关于上海经济区规划办公室的历史考察》,载《今日浙江》2008 年第 15 期,第 28-29 页。

③ 上海经济区发展战略课题组:《上海经济区发展战略纲要》,载《浙江经济》1985 年第 18 期,第 3 页。

④ 《国务院关于进一步推进长江三角洲地区改革开放和经济社会发展的指导意见》(国发〔2008〕30 号),2008 年 9 月 7 日。

护、市场秩序维护等方面的违法行为。建立健全政府信息公开工作考核、社会评议、年度报告、责任追究等制度,推进政府信息公开"[①]。

2013年9月,在国务院出台实施的《大气污染防治行动计划》中,明确要求在京津冀、长三角、珠三角建立区域大气污染防治协作机制,加强污染联防联控。同年12月,环境保护部向国务院上报《关于成立长三角区域大气污染防治协作小组的请示》并获批通过。2014年1月7日,长三角区域大气污染防治协作小组第一次工作会议在上海市召开,会议审议通过《长三角区域大气污染防治协作小组工作章程》,组建由上海市、江苏省、浙江省、安徽省,以及环境保护部、国家发展改革委、工业和信息化部、财政部、住房和城乡建设部、交通运输部、中国气象局、国家能源局8部委组成(2016年又增补科技部为成员单位)的协作小组。2015年4月,国务院印发《水污染防治行动计划》,要求"建立全国水污染防治工作协作机制","京津冀、长三角、珠三角等区域要于2015年底前建立水污染防治联防联动协作机制"。同年11月,环境保护部向国务院上报《关于成立水污染防治相关协作机制的请示》并获批通过。2016年12月,长三角区域大气污染防治协作小组第四次会议暨长三角区域水污染防治协作小组第一次工作会议在杭州市召开。会议审议通过《长三角区域水污染防治协作小组工作章程》,组建由三省一市,环境保护部、国家发展改革委、科技部、工业和信息化部、财政部、国土资源部、住房和城乡建设部、交通运输部、水利部、农业部、国家卫生计生委、国家海洋局12个部委组成的长三角区域水污染防治协作小组,在运行机制上与大气污染防治协作机制相衔接,机构合署、议事合一。[②]

2016年6月,国务院批准印发了《长江三角洲城市群发展规划》,安徽省

---

① 《国家发展改革委关于印发长江三角洲地区区域规划的通知》(发改地区〔2010〕1243号),2010年6月7日。

② 程翠云:《长三角一体化生态环境协同监管机制探讨》,载《中华环境》2020年第12期,第31页。

合肥市、芜湖市等 8 个城市正式纳入。作为长三角城市群一体化发展的指导性、约束性文件,该规划也指出若干法治方面的要求。

2018 年底长江三角洲区域一体化发展被上升为国家战略。2019 年 5 月中共中央政治局会议通过,2019 年 12 月,中共中央、国务院印发《长江三角洲区域一体化发展规划纲要》,其中指出要"加强地方立法、政务服务等领域的合作,形成有效的合作体制机制,全面提升合作水平。建立地方立法和执法工作协同常态化机制,推动重点区域、重点领域跨区域立法研究,共同制定行为准则,为长三角一体化发展提供法规支撑和保障"。此后上海市①、安徽省②、浙江省③、江苏省④相继发布了落实规划纲要的实施方案。

2019 年 11 月,国家发展改革委印发《长三角生态绿色一体化发展示范区总体方案》⑤,长三角生态绿色一体化发展示范区正式揭牌成立。

2020 年 4 月 2 日,国家发展改革委、交通运输部印发《长江三角洲地区交通运输更高质量一体化发展规划》。⑥

2020 年 8 月,习近平总书记在安徽省合肥市主持召开扎实推进长三角一体化发展座谈会并发表重要讲话。2021 年 3 月,"长三角一体化发展"连续第三年被写入政府工作报告。

---

① 《上海市贯彻〈长江三角洲区域一体化发展规划纲要〉实施方案》,载上海市人民政府网,https://www.shanghai.gov.cn/nw44142/20200824/0001-44142_63344.html,2021 年 8 月 6 日最后访问。

② 《安徽省实施长江三角洲区域一体化发展规划纲要行动计划》,载安徽省人民政府网,https://www.ah.gov.cn/zwyw/jryw/8244541.html,2021 年 8 月 6 日最后访问。

③ 《中共浙江省委　浙江省人民政府关于印发〈浙江省推进长江三角洲区域一体化发展行动方案〉的通知》,载今日浙江网,http://www.jrzj.cn/art/2020/1/8/art_7_5209.html,2021 年 8 月 6 日最后访问。

④ 《〈长江三角洲区域一体化发展规划纲要〉江苏实施方案发布》,载苏州市人民政府网,https://www.suzhou.gov.cn/szsrmzf/szyw/202004/da3e13a64d2344d28773a39b18430fb3.shtml,2022 年 7 月 1 日最后访问。

⑤ 《国家发展改革委关于印发长三角生态绿色一体化发展示范区总体方案的通知》(发改地区〔2019〕1686 号),2019 年 10 月 26 日。

⑥ 《国家发展改革委　交通运输部关于印发〈长江三角洲地区交通运输更高质量一体化发展规划〉的通知》(发改基础〔2020〕529 号),2020 年 4 月 2 日。

2021年1月,推动长三角一体化发展领导小组办公室印发《长江三角洲区域生态环境共同保护规划》。该规划是由生态环境部会同国家发展改革委、中国科学院编制,主要目的是聚焦上海市、江苏省、浙江省、安徽省共同面临的系统性、区域性、跨界性的生态环境问题,加强生态空间共保,推动环境协同治理,夯实长三角地区绿色发展基础,共同建设绿色美丽长三角,着力打造美丽中国建设的先行示范区。[①]

2021年1月,经推动长三角一体化发展领导小组审议通过,中国气象局正式印发《长江三角洲区域一体化发展气象保障行动方案》。该行动方案旨在贯彻落实《长江三角洲区域一体化发展规划纲要》,对标党中央、国务院对气象工作要求,紧扣"一体化"和"高质量"两个关键,提高重点领域气象服务能级和精度,为长三角一体化发展提供更高质量全覆盖、全方位、全流程的气象保障。[②]

2021年6月,由水利部太湖流域管理局、长江水利委员会、淮河水利委员会共同编制完成的《长江三角洲区域一体化发展水安全保障规划》经推动长三角一体化发展领导小组审议通过并正式印发。该规划为整体提升长三角一体化发展水安全保障能力做出了顶层设计,是指导长三角区域当前和今后一个时期水安全保障工作的重要依据。[③]

中央在顶层设计层面的规划、指导和探索,不仅持续促进长三角地区迈向高质量一体化发展,也为长三角法治发展奠定了坚实基础,尤其是为长三角法治一体化进程提供了宏观政策支持和发展方向指引。

---

① 《生态环境部有关负责人就〈长江三角洲区域生态环境共同保护规划〉答记者问》,载中华人民共和国生态环境部网,http://www.mee.gov.cn/zcwj/zcjd/202101/t20210114_817431.shtml,2021年8月6日最后访问。

② 谢丽萍、李一鹏:《推动长三角一体化发展领导小组审议通过 长三角一体化发展气象保障行动方案印发实施》,载中国气象局网,http://www.cma.gov.cn/2011xwzx/2011qxxw/2011qxyw/202101/t20210113_570045.html,2021年8月6日最后访问。

③ 《〈长江三角洲区域一体化发展水安全保障规划〉正式印发》,载中华人民共和国水利部网,http://www.mwr.gov.cn/xw/sjzs/202107/t20210707_1527658.html,2021年8月6日最后访问。

三、区域内合(协)作机制与长三角法治发展

在中央顶层设计长期支持和指引长三角法治发展的大背景下,长三角区域内部逐渐探索发展出多种合(协)作机制,涉及的内容从经济领域拓展到其他领域,这些多种合(协)作机制共同促进了长三角法治的发展。

(一)区域合(协)作探索:经济领域

1990 年国家开发、开放浦东,1992 年由上海市牵头,南京市、杭州市协助,长江三角洲协作办(委)主任联席会议开始举办。1997 年发端于长江三角洲协作办(委)主任联席会议的长三角城市经济协调会正式升格为市长峰会,首批成员包括长三角 15 个城市[①],截至 2020 年已经举办了 20 次[②]。

2001 年,沪苏浙两省一市发起成立了由常务副省(市)长参加的"沪苏浙经济合作与发展座谈会"制度,长三角区域合作进入了一个着眼于建立长期性、战略性、整体性区域合作框架的新阶段。"沪苏浙经济合作与发展座谈会"从 2001 年到 2006 年共举办了 6 次。

---

① 王潇:《跨越 20 年的"区域一体化"实验——长三角城市经济协调会那些年》,载《解放日报》2018 年 1 月 2 日第 06 版。

② 易鹤:《长三角城市经济协调会第二十次全体会议举行》,载《宁波日报》2020 年 9 月 20 日第 A2 版。

(二)"三级运作"区域合作机制

现行长三角"三级运作"区域合作机制,起源于习近平总书记任职浙江省时提议建立的长三角党政主要领导定期会晤机制。习近平总书记早在出任浙江省委书记期间,就多次到上海市、江苏省考察发展经验,力推长三角经济一体化。2003年,习近平率领浙江省党政代表团分别与上海市、江苏省签署《关于进一步推进沪浙经济合作与发展的协议》和《进一步加强经济技术交流与合作协议》,三地就习近平提议的建立党政主要领导定期会晤机制的设想达成共识。对于为何要建立定期会晤机制,习近平出发前在接受《浙江日报》专访时解释:完善的合作机制是加强经济合作、推动区域经济健康有序发展的内在要求和重要保证,"我们要从政府、企业、民间等多方着手,健全合作机制,建议建立沪苏浙三省一市党政主要领导定期会晤机制,坚持和完善沪苏浙经济合作与发展座谈会制度,进一步探索建立有组织、可操作的专项议事制度,积极推动各类经贸活动的开展"。习近平的沪苏之行拉开了三省一市高层频繁互访的序幕,长三角区域合作升温,2003年因此被视为"长三角元年"。

2004年,沪苏浙两省一市酝酿建立主要领导座谈会制度,2005年在浙江省杭州市召开了主要领导座谈会。2008年以来,长三角地区逐步建立了决策层、协调层和执行层"三级运作"的区域合作机制,确立了"主要领导座谈会明确任务方向、联席会议抓协调推进、联席会议办公室和重点专题组抓具体落实"的机制框架。2008年,安徽省党政主要领导应邀出席主要领导座谈会,此次会议讨论通过了《长三角地区贯彻国务院〈指导意见〉共同推进若干重要事项的意见》,确定安徽省参加长三角区域合作有关活动,积极探索泛长三角区域合作的机制和内容。2009年,长三角吸纳安徽省作为正式成员出席主要领导座谈会、联席会议,正式形成了沪苏浙皖三省一市共同参与的"三级运作、统分结合"的区域合作机制。其中,"决策层"即三省一市主要领导座谈会,负责审议、决定和决策关系长三角区域发展的重大事项;"协调层"即三省一市常务副省(市)长牵头的长三角区域合作与发展联席会议,负责协调推进主要领导座谈会部署的区域合作重点难点事项,2009年8月15日,长三角地区合作与发展联席会议第一次会议在江苏省无锡市召开①;"执行层"包括联席会议办公室和交通、能源、信息、科技、环保、信用、社保、金融、涉外服务、城市合作、产业、食品安全12个重点专题合作组,负责各省市、各专题领域战略决策研究谋划、制定年度工作计划并推进落实、统筹协调和督促检查等。②

(三)长三角区域合作办公室

2018年是长三角法治发展加速进行的一年,2018年1月12日在江苏省苏州市举行的长三角地区主要领导座谈会上,有关方面签署了交通、能源、科技等10个专题合作一揽子协议,以及《关于共同推进长三角地区民航协同发展努力打造长三角世界级机场群合作协议》。③

为落实2018年1月长三角地区主要领导座谈会精神,2018年2月,三省一市联合组建的长三角区域合作办公室在上海市挂牌成立,三省一市共16位工作人员。该办公室主要职责是研究和拟订长三角协同发展的战略规划,以及体制机制和重大政策建议,协调推进区域合作中的重要事项和重大项目,统筹管理合作基金、长三角网站和有关宣传工作。近期主要任务是研

---

① 《长三角地区合作发展联席会议一次会议在无锡召开》,载中华人民共和国中央人民政府网http://www.gov.cn/govweb/gzdt/2009-08/18/content_1394763.htm,2021年8月6日最后访问。

② 陈鸣波:《关于长三角一体化发展体制机制建设情况的报告》(载《上海市人民代表大会常务委员会公报》2019年第七号),载上海人大网,http://www.spcsc.sh.cn/n8347/n8407/n7267/u1ai206627.html,2022年7月1日最后访问。

③ 《长三角地区主要领导座谈会在苏州举行》,载《浙江日报》2018年1月13日第01版。

究制定《长三角地区一体化发展地区行动计划（2018—2020 年）》和《2018 年长三角合作工作计划》，并着力协调解决省际合作重大问题，开展协同创新路径研究，推动改革试点经验复制共享，等等。

2018 年 6 月 1 日，2018 年度第二次长三角地区主要领导座谈会圆满完成各项议程后，举行了成果发布会。以三年行动计划编制完成为标志，该成果发布会进一步明确了长三角一体化发展的任务书、时间表和路线图。三年行动计划覆盖 12 个合作专题，聚焦交通互联互通、能源互济互保、产业协同创新、信息网络高速泛在、环境整治联防联控、公共服务普惠便利、市场开放有序等 7 个重点领域，形成了一批项目化、可实施的工作任务。充分发挥了主要领导座谈会的决策功能，有效发挥了联席会议的协调功能、联席办和专题组的执行功能。长三角区域合作办公室下一步要重点围绕三年行动计划的实施，在综合协调和督促落实等方面积极发挥作用。①

---

① 《上海举行 2018 年度长三角地区主要领导座谈会成果发布会》，载中华人民共和国国务院新闻办公室网，http://www.scio.gov.cn/xwfbh/gssxwfbh/xwfbh/shanghai/Document/1630711/1630711.htm，2021 年 8 月 6 日最后访问。

四、长三角法治发展中的权力机关

(一)长三角人大合(协)作机制

1. 长三角地区人大常委会主任座谈会

2018 年 7 月 5 日至 6 日,长三角地区人大常委会主任座谈会在浙江省杭州市召开,以丰硕的成果开启了新时代三省一市人大深化协作、助推长三角更高质量一体化发展的新征程。此次会议讨论通过了《长三角地区人大工作协作近期工作要点》。三省一市人大常委会负责同志共同签署了《关于深化长三角地区人大工作协作机制的协议》和《关于深化长三角地区人大常委会地方立法工作协同的协议》。根据协议,三省一市人大常委会将在以往交流合作的基础上,进一步建立健全主任座谈会机制和秘书长沟通协商机制,加强地方立法工作协同、强化监督工作联动、协同讨论决定重大事项、开展跨区域代表活动、联合组织专题调研、共享人大工作经验,努力为长三角实现更高质量一体化发展贡献人大智慧和人大力量。[①]

长三角地跨沪苏浙皖三省一市,回顾以往一体化走过的历程,多年来没有足够的实质性进展,很大原因在于区域之间的分割、制度的藩篱和掣肘。

---

① 《长三角地区人大常委会举行主任座谈会 签署工作协作机制 1+1 协议》,载江苏省人民代表大会常务委员会网,http://www.jsrd.gov.cn/tszs/csjxz/201807/t20180706_500681.shtml,2021 年 8 月 6 日最后访问。

与以往相比,今天跨行政区域进行规划对接、战略协同、专题合作、市场统一和机制完善,这些一体化发展中的瓶颈和难题,更需要我们运用法治思维和法治方式来有效突破和妥善化解。作为地方国家权力机关,人大在推动长三角一体化进程中具有法治保障、监督推进、代表参与、民意支撑等独特优势,理应充分发挥宪法法律赋予的职能作用,聚焦中心、服务大局,立管用之法,行决定之权,务监督之效,为长三角更高质量一体化发展构筑良好的法治环境、提供有力的法治保障。[①]

根据协议,三省一市人大常委会将聚焦交通互联互通、能源互济互保、产业协同创新、环境整治联防联控、公共服务普惠便利等 7 个重点领域,加强地方立法工作协同,强化监督工作联动,协同讨论决定重大事项,协同开展代表活动;并组成联合课题组开展课题研究,积极开展地方立法理论与实践研究的协作,加强重大立法项目的联合攻关等,发挥地方立法对长三角地区更高质量一体化发展的推动作用。三省一市人大常委会还将围绕美丽长三角建设,组织三省一市人大代表开展调研活动,并对共同关切、需要协同的大气或水污染防治等难点热点问题,组织执法检查或专项监督等活动。[②]

2019 年 6 月 19 日至 20 日,长三角地区三省一市人大常委会主任座谈会在江苏省南京市召开。会议传达学习了中央关于长三角更高质量一体化发展的最新决策部署和 2019 年度长三角地区主要领导座谈会精神,围绕做好新时代地方人大工作、服务长三角更高质量一体化发展的实践与思考开展交流,并商讨确定 2019 年度长三角地区人大协作重点工作计划,落实推动长三角一体化发展领导小组第一次会议和长三角地区主要领导座谈会的部署要求,大力推动《长江三角洲区域一体化发展规划纲要》的实施,以年度协

① 梁明:《在长三角一体化 2.0 中展现人大担当作为》,载江苏省人民代表大会常务委员会官网,http://www.jsrd.gov.cn/xwzx/typl/201812/t20181228_510040.shtml,2022 年 7 月 1 日最后访问。

② 龚宇一:《长三角地区人大常委会举行主任座谈会》,载上海人大网,http://www.spcsc.sh.cn/n1939/n1940/n1942/n2159/n2195/u1ai175854.html,2021 年 8 月 6 日最后访问。

作重点工作计划为抓手,进一步深化立法协同、监督协作、代表联动、理论共研,在助力长三角更高质量一体化发展中贡献更多的、更大的人大智慧和力量。[1]

2020年7月2日,长三角地区三省一市人大常委会主任座谈会在上海市召开。会议学习了2020年度长三角地区主要领导座谈会精神,交流了服务统筹推进疫情防控和经济社会发展工作及"十四五"规划编制专题调研的做法和打算,商讨确定2020年度长三角地区人大协作重点工作计划,并签署会议纪要。三省一市人大将持续推动区域人大工作协作,强化长三角生态绿色一体化发展示范区建设、疫情联防联控法制保障,开展大型科学仪器共享立法协同,继续组织以交通基础设施建设为主题的代表联合视察活动,围绕"十四五"期间长三角地区率先建立现代化经济体系、重大关键技术协同攻关、协同治理新模式等开展联合调研。[2]

2021年7月13日至14日,长三角地区三省一市人大常委会主任座谈会在安徽省合肥市召开。会议通过了《2021年度长三角地区人大常委会协作重点工作计划》。计划介绍,2021年,长三角地区三省一市人大将全面贯彻国家"十四五"规划和2035年远景目标纲要有关部署、《长江三角洲区域一体化发展规划纲要》,认真落实2021年度长三角地区主要领导座谈会的决策部署,立足地方人大常委会工作职责,综合运用立法、监督、决定、代表视察等法定方式开展工作协同协作,努力提升人大依法保障和推动长三角一体化发展国家战略实施的实效。

(1)关于立法协同。将推进数据协同立法,推进长江船舶污染防治协同立法,联合开展传染病防治立法调研,继续推进已有项目协同立法。

---

[1] 苏仁轩:《长三角地区四省市人大常委会主任座谈会在南京召开》,载江苏省人民代表大会常务委员会网,http://www.jsrd.gov.cn/xwzx/rdyw/201906/t20190620_514368.shtml,2022年7月1日最后访问。

[2] 苏仁轩:《长三角地区人大常委会主任座谈会在上海召开》,载江苏省人民代表大会常务委员会网,http://www.jsrd.gov.cn/tszs/csjxz/202007/t20200703_524988.shtml,2022年7月1日最后访问。

在推进数据协同立法方面，由上海市人大牵头，各省市人大组织，贯彻落实国家大数据战略，通过立法推动长三角地区三省一市在数据领域的合作，共同加强数据技术中心建设、公共数据之间的共享和治理，推进区域"一网通办"和社会数据合作开发。

在推进长江船舶污染防治协同立法方面，由江苏省人大牵头，上海市人大、安徽省人大参加，贯彻习近平总书记关于长江大保护重要指示精神，落实《中华人民共和国长江保护法》有关规定，通过立法加强长江船舶污染联防联治，统一船舶设施配置、改造标准，共同保护好长江母亲河。

在联合开展传染病防治立法调研方面，由安徽省人大牵头，各省市人大组织，贯彻落实习近平总书记关于完善疫情防控相关立法、强化公共卫生法治保障的重要指示批示及长三角地区主要领导座谈会精神，共同就传染病防治立法深入调研论证。

（2）关于联动监督。将强化携手建设绿色美丽长三角的法治保障，促进持续夯实一体化高质量发展基础，协同推进大数据政务平台跨省通办。

在强化携手建设绿色美丽长三角的法治保障方面，由上海市人大牵头，各省市人大组织，认真落实2021年度长三角地区主要领导座谈会有关部署，协同开展法律监督和工作监督。

推动长江保护联防联治，跟踪监督《中华人民共和国长江保护法》实施，督促有关方面落实长三角生态环保协作小组第一次会议（无锡）精神，深入开展长江流域跨界水体污染协同治理，实施环境标准、检测、执法"三统一"，推动滁河流域环境治理和巢湖污染治理。

开展长江流域禁捕联动监督，就三省一市人大常委会协同做出的《关于促进和保障长江流域禁捕工作若干问题的决定》贯彻落实情况开展监督检查。重点检查禁捕区域划定、重大事项协调机制建立、执法力量和装备设施保障，促进船舶登记信息共享、渔船动态监管、水产品市场流通追溯监管、执法信息互通共享"四个平台"建设，推进违法行为查处、退捕渔民安置保障等情况,共同推动长江禁捕工作,加强水生生物保护,保障生态安全。

促进长三角区域固体废物污染协同治理,支持政府及有关部门建立信息共享机制,推进固废收集、转移、处置全过程监控和信息化追溯,严格执行固废跨省(市)转移审批备案和危废转移联单制度,严厉打击跨界倾倒固废、危废等环境违法行为。紧扣长三角在全国率先实现"碳达峰""碳中和"的目标,联动听取审议关于推进碳达峰碳中和工作情况的报告。

在促进持续夯实一体化高质量发展基础方面,由上海市人大牵头,各省市人大组织,着眼共建轨道上的长三角,进一步监督推动交通基础设施建设互联互通,加快建设多网融合、高效便捷的现代交通运输体系,重点督促推进北沿江高铁和省界断头路建设等。共同推动国家编制长三角区域重点产业发展专项规划,强化优势产业协作,探索、创新重点产业供应链金融模式等,进一步促进三省一市重点产业链跨区域协同发展。

在协同推进大数据政务平台跨省通办方面,由上海市人大牵头,各省市人大组织,围绕加快实施长三角区域政务服务"一个事项一套标准",一地认证、异地可办、就近办理开展监督等。

(3)关于代表工作的互动。将联合开展以长江"十年禁渔"行动情况为主题的专题调研,组织以区域内"满意消费长三角"行动情况为主题的代表联合视察,协同开展三省一市人大代表专题培训。

在联合开展以长江"十年禁渔"行动情况为主题的专题调研方面,由安徽省人大牵头,各省市人大组织,组织三省一市部分全国人大代表,聚焦长江流域禁捕执法监管情况,开展互动调研。

在组织以区域内"满意消费长三角"行动情况为主题的代表联合视察方面,组织三省一市部分全国人大代表,围绕《长三角地区共同开展"满意消费长三角"行动方案》,开展联合视察,并在安徽省召开视察成果交流座谈会。视察活动及视察成果交流座谈会由安徽省人大牵头。

在协同开展三省一市人大代表专题培训方面,由浙江省人大、安徽省人大牵头,上海市人大、江苏省人大参加,利用浙江省优质培训资源,以乡村振兴发展战略为主题,浙皖两省人大联合举办1期三省一市人大代表专题培训班。①

2. 长三角地区人大专门委员会合(协)作

(1)长三角地区人大监察和司法工作协作会议

2019年7月4日,长三角地区人大监察和司法工作协作会议在上海市召开。会上,上海市、江苏省、浙江省、安徽省三省一市的人大监察和司法委员会共同签订了《关于深化长三角地区人大监察和司法工作协作机制的协议》。根据协议,三省一市的人大监察和司法委员会将通过建立定期交流机制、实行联络员制度、完善信息共享渠道等方式开展协作;明确提出,三省一市人大要加强立法工作协同,针对共同关切、需要协同的立法项目,在制定立法规划和计划、法规起草、调研、论证、实施等各环节加强沟通与合作。②

(2)长三角地区人大城建环保工作协作会议

2019年9月5日,沪苏浙皖长三角地区人大城建环保工作协作会议在上海市举行。会议签订了《关于深入推进长三角地区三省一市人大城建环资领域工作协作的协议》,根据协议,四地人大在立法工作协同、监督工作联动、联动开展代表工作、联动开展中华环保世纪行宣传活动、联动开展理论研究等方面达成共识。③

3. 省级以下人大合(协)作

2019年5月22日,上海市青浦区、江苏省苏州市吴江区、浙江省嘉善县三地人大常委会第一次主任例会暨签署助推长三角一体化发展示范区建设

---

① 王萍、徐航、姜旭阳:《关于2021年度长三角地区人大常委会协作重点,这个会议明确了!》,载全国人民代表大会网,http://www.npc.gov.cn/npc/c30834/202107/f5e34d3d73d542d1a0eae8360d2e8e9d.shtml,2021年8月6日最后访问。

② 巨云鹏:《立法协同助力 长三角一体化》,载《人民日报》2019年7月4日第018版。

③ 仲颖:《三省一市人大签订协议共同推进城建环资领域工作协作》,载上海人大网,http://www.spcsc.sh.cn/n1939/n1944/n1945/n2436/u1ai196335.html,2021年8月6日最后访问。

合作框架协议仪式在上海市青浦区举行,会议签署了三地人大常委会助推长三角一体化发展合作框架协议,探索建立人大交流协作机制,更好地推动三地经济社会实现更高质量一体化发展。根据合作框架协议,三地人大将在规划契合、设施汇合、产业耦合、功能聚合、治理融合、环保联合六大重点领域加强合作。同时,开展长三角区域一体化发展的立法修法项目研究与实践协作,挖掘立法修法工作需求,及时向上级人大提出立法修法建议,并强化重点领域执法检查联动,合力构筑长三角良好的区域法治环境。合作框架协议还提到,通过建立人大常委会主任例会、办公室主任例会制度和学习交流、信息共享、工作推进等机制,推进具体合作事项。①

4. 长三角一体化法治研究院

2020 年 12 月 27 日,"长三角一体化法治研究院"成立,该院由上海市人大常委会办公厅与华东师范大学合作共建,将开展相关研究和学术交流活动,上海市人大常委会法工委主任丁伟与华东师范大学校长钱旭红签署了《关于开展长三角一体化发展法治保障合作研究的框架协议》。研究院设立了咨询委员会,邀请苏浙沪皖三省一市人大法制委、人大常委会法工委领导及上海市教委、长三角区域合作办公室、长三角生态绿色一体化发展示范区执委会、上海市法学会等相关委办局领导担任首批委员,负责对研究院发展规划、研究动态、人才队伍建设等重大问题提出咨询意见。学术委员会则聘请了长三角高校、研究机构知名专家学者担任首批委员。②

① 《青吴嘉三地人大常委会签署合作框架协议 共同助推长三角一体化发展》,载上海市青浦区人民政府网,https://www.shqp.gov.cn/shqp/qpyw/20190523/496311.html,2021 年 8 月 6 日最后访问。

② 《长三角一体化法治研究院成立》,载上海市人民政府新闻办公室网,https://aqwg.shio.gov.cn/TrueCMS/shxwbgs/ywts/content/3d3c63d0-749b-442e-b842-255de25793bf.html,2021 年 8 月 6 日最后访问。

(二)长三角人大协同立法

1.《关于支持和保障长三角地区更高质量一体化发展的决定》

2018 年 11 月,为深入贯彻习近平总书记关于长三角地区更高质量一体化发展的重要指示精神,进一步落实长三角地区主要领导座谈会的部署要求和省(市)委相关决策部署,凝心聚力支持和保障长江三角洲区域一体化发展的国家战略顺利实施,长三角省市人大常委会通过协同立法,即上海[①]、江苏[②]、安徽[③]、浙江[④]协同出台《关于支持和保障长三角地区更高质量一体化发展的决定》,要求抓住重大历史机遇,凝心聚力支持和保障长三角区域一体化发展。[⑤]

长三角地区三省一市人大的协同决定,指出了推进长三角地区更高质量一体化发展对服务国家改革发展全局、提升三省一市核心竞争力的重要意义,明确了总体要求和推进机制,明确以法治力量支持和保障三省一市规

---

① 《上海市人民代表大会常务委员会关于支持和保障长三角地区更高质量一体化发展的决定(2018 年 11 月 22 日上海市第十五届人民代表大会常务委员会第七次会议通过)》,载上海人大网,http://www.spcsc.sh.cn/n8347/n8407/n5742/u1ai185812.html,2022 年 7 月 1 日最后访问。

② 《江苏省人民代表大会常务委员会关于支持和保障长三角地区更高质量一体化发展的决定(2018 年 11 月 23 日江苏省第十三届人民代表大会常务委员会第六次会议通过)》,载江苏省人民政府网,http://www.jiangsu.gov.cn/art/2018/11/27/art_63908_7933198.html,2021 年 8 月 6 日最后访问。

③ 《安徽省人民代表大会常务委员会关于支持和保障长三角地区更高质量一体化发展的决定(2018 年 11 月 23 日安徽省第十三届人民代表大会常务委员会第六次会议通过)》,载安徽人大网,http://www.ahrd.gov.cn/article.jsp? strId=510ed6fd8fda4e13803af142129a63a1&strColId=eb357302f5ed4f8e9c42c038644fd310&strWebSiteId=1448865560847002&,2021 年 8 月 6 日最后访问。

④ 《浙江省人民代表大会常务委员会关于支持和保障长三角地区更高质量一体化发展的决定(2018 年 11 月 30 日浙江省第十三届人民代表大会常务委员会第七次会议通过)》,载中国·浙江人大网,https://www.zjrd.gov.cn/zyfb/jyjd/201901/t20190123_79199.html,2021 年 8 月 6 日最后访问。

⑤ 《长三角省市协同立法:支持更高质量一体化发展》,载中华人民共和国中央人民政府网,http://www.gov.cn/xinwen/2018-12/01/content_5345124.htm? cid=30,2021 年 8 月 6 日最后访问。

划对接、法治协同、市场统一、生态保护和共建共享。

根据决定,长三角地区三省一市完善长三角地区合作与发展联席会议等推进机制,协调落实国家战略和长三角地区主要领导座谈会要求,制定行动计划并组织实施。三省一市共同组建长三角区域合作办公室。上海市支持各区同江苏省、浙江省、安徽省的地市建立合作机制。长三角地区经济社会发展规划、省市立法、市场标准体系、生态环境保护等重点领域应当加强协同、合作、统一。

根据决定,长三角地区各级人民法院、人民检察院应当找准服务和保障长三角地区更高质量一体化发展的结合点和着力点,依法履行审判、检察职能,充分发挥司法作用,推进长三角地区司法合作,维护公平的市场环境和良好的社会管理秩序,为长三角地区更高质量一体化发展提供司法保障。

根据决定,长三角地区人大常委会应当认真执行《关于深化长三角地区人大工作协作机制的协议》,优先安排推进长三角地区更高质量一体化发展的立法项目,加强对重点领域的法律监督和工作监督,支持和保障长三角地区人大代表开展跨区域调研视察,推动长三角地区更高质量一体化发展决策部署的贯彻落实。

根据决定,长三角地区设区市及县(市、区)人大常委会应当围绕推动长三角地区更高质量一体化发展,结合本地实际,依法履行职责。省人大常委会和设区市、县(市、区)人大常委会应当加强对本决定贯彻实施情况的检查监督。

2.《关于促进和保障长江流域禁捕工作若干问题的决定》

2020年12月出台的《中华人民共和国长江保护法》在对长江流域禁捕做出规定的同时,要求长江流域相关地方根据需要在地方性法规制定等方面建立协作机制。2020年12月24日至25日,长江"十年禁渔"长三角地区三省一市人大联动监督、协同立法座谈会在上海市召开,沪苏浙皖三省一市人大共同商定，由上海市人大常委会牵头，长三角地区长江流域禁捕采用法规性决定的方式，争取在 2021 年第一季度同步出台决定。[①] 2021 年 2 月至 3 月，为深入贯彻习近平总书记关于深入推动长江经济带发展的重要指示精神，共抓大保护，不搞大开发，凝心聚力支持和保障长江三角洲区域一体化发展的国家战略顺利实施，长三角三省一市人大常委会通过协同立法，即上海市[②]、浙江省[③]、安徽省[④]、江苏省[⑤]协同出台《关于促进和保障长江流域禁捕工作若干问题的决定》。

　　三省一市出台的决定分别明确了总体要求，划定禁捕区域和期限，并且将禁捕工作纳入国民经济和社会发展规划，建立禁捕重大事项协调机制，定期听取禁捕工作情况汇报，研究解决重点难点问题，将禁捕工作情况纳入绩效考核和目标任务考核体系。三省一市在此决定中提出，要探索建设覆盖三省一市的船舶登记信息共享平台、渔船动态监管平台、水产品市场流通追溯监管平台和执法信息互通共享平台，共同查处破坏禁捕的违法犯罪行为。

---

　　① 《长三角协同立法促进保障长江流域禁捕》，载中华人民共和国中央人民政府网，http://www.gov.cn/xinwen/2021-03/28/content_5596289.htm，2021 年 8 月 6 日最后访问。

　　② 《上海市人民代表大会常务委员会关于促进和保障长江流域禁捕工作若干问题的决定（2021 年 2 月 26 日上海市第十五届人民代表大会常务委员会第二十九次会议通过）》，载上海人大网，http://www.spcsc.sh.cn/n8347/n8467/u1ai234355.html，2021 年 8 月 6 日最后访问。

　　③ 《浙江省人民代表大会常务委员会关于促进和保障长江流域禁捕工作若干问题的决定（2021 年 3 月 26 日浙江省第十三届人民代表大会常务委员会第二十八次会议通过）》，载中国·浙江人大网，https://www.zjrd.gov.cn/dflf/dffgk/202103/t20210326_91238.html，2021 年 8 月 6 日最后访问。

　　④ 《安徽省人民代表大会常务委员会关于促进和保障长江流域禁捕工作若干问题的决定（2021 年 3 月 26 日安徽省第十三届人民代表大会常务委员会第二十六次会议通过）》，载安徽人大网，http://www.ahrd.gov.cn/article.jsp? strId=923cf81e98f547fc9ca2c47e9cb1f42b&strColId=19118826acbf4b9a9eb668d667734965&strWebSiteId=1448865560847002&，2021 年 8 月 6 日最后访问。

　　⑤ 《江苏省人民代表大会常务委员会关于促进和保障长江流域禁捕工作若干问题的决定（2021 年 3 月 31 日江苏省第十三届人民代表大会常务委员会第二十二次会议通过）》，载江苏省人民代表大会常务委员会网，http://www.jsrd.gov.cn/zyfb/sjfg/202104/t20210409_529350.shtml，2021 年 8 月 6 日最后访问。

五、长三角法治发展中的法治政府

(一)长三角一体化发展中的政府间协议

1.信用体系建设

2007年3月20日,《上海市建设和交通委员会、江苏省建设厅、浙江省建设厅关于共同推进长江三角洲区域建筑市场信用信息平台建设工作的通知》发布,两省一市联合起来加快推动长三角建筑市场信用信息平台建设。[①]

2008年10月14日至15日,江苏省、浙江省、上海市政府合作项目"信用长三角"第二届高层研讨会在浙江省杭州市举行。此届研讨会以"区域信用——合作与发展"为主题。两省一市信用主管部门共同签署了《长三角地区信用服务机构备案互认协议书》。"信用长三角"信息共享平台是全国第一个跨区域的信用信息共享平台,是"区域信用体系建设"合作专题的重要内容。它作为长三角企业、社会及信用建设服务的工作平台和门户网站,主要推动长三角地区信用建设机构的工作交流、协同和联动,逐步实现三地信用信息的互通共享和相互查询,以形成"一处守信、处处得益,一处失信、处

[①] 《关于转发上海、江苏、浙江建设行政主管部门〈关于共同推进长江三角洲区域建筑市场信用信息平台建设工作的通知〉的通知》,载中华人民共和国住房和城乡建设部网,http://www.mohurd.gov.cn/wjfb200705/t20070516_158861.html,2021年8月6日最后访问。

处受制"的区域联动机制。①

2012 年 8 月 4 日，由沪苏浙皖三省一市信用办共同举办的"信用长三角"第三届高层研讨会在江苏省南京市召开，此次高层研讨会主题是"构建信用体系与创新社会管理"。沪苏浙皖三省一市信用办签署了最新的《长三角地区信用服务机构备案互认协议书》②。

2014 年 5 月，上海市、浙江省、安徽省、江苏省三省一市信用办、信用中心签署了长三角信用平台共建共享合作协议，共同促进长三角区域公共信用信息的共享交流，推进三省一市信用平台共建共享。根据该协议，三省一市信用管理部门将共同制定长三角公共信用信息共享资源目录，共同制定长三角公共信用信息数据标准，共同建立信息共享交换请求响应机制，共同制定趋同的公共信用信息管理制度，共同开展重点领域、重点行业、重点人群信用信息的统计分析、监测预警，共同开展前瞻性、实证性课题研究，共同制定长三角地区公共信用信息使用情况统计报告，共同推广公共信用信息应用，共同做好长三角地区信用平台的宣传工作。③

2017 年 7 月 7 日，上海市、江苏省、浙江省和安徽省三省一市信用办联合在江苏省扬州市召开了长三角区域信用体系专题组第二十五次例会。会上，三省一市信用办和食品药品监管局共同签署了《长三角区域食品药品安全领域信用联动奖惩合作备忘录》，该备忘录确定了联动奖惩的对象，明确了整合资源、机制共建，加强协作、信息共享，部门引导、社会共育的合作原则，确立了会商制度和工作通报及协调机制，四方共同建立健全长三角食品药品安全信用管理体系，建设"长三角食品药品安全信用公众服务平台"，推进长三角食品药品安全领域联合奖惩。会上，各方根据工作分工和

---

① 《江浙沪签署长三角确立信用服务机构备案互认机制》，载中华人民共和国中央人民政府网，http://www.gov.cn/wszb/zhibo273/content_1121443.htm，2021 年 8 月 6 日最后访问。

② 《长三角地区信用服务机构备案互认协议书》，载江苏省工业和信息化厅网，http://gxt.jiangsu.gov.cn/art/2012/8/4/art_6255_3027727.html，2021 年 8 月 6 日最后访问。

③ 《苏沪浙皖共建共享信用平台》，载《江苏经济报》2014 年 5 月 8 日第 A01 版。

计划安排,介绍了各自起草文件的征求意见稿。主要有:浙江省方起草的《长三角食药严重失信名单互认协议》,上海市方起草的食药领域数据清单和应用清单,安徽省方起草的《长三角产品质量信用联合惩戒管理办法》,江苏省方提出的长三角区域食品药品安全信用公共服务平台建设方案、长三角地区信用专家库建设方案。①

2018 年 6 月 1 日,长三角三省一市信用办及环保部门在长三角地区主要领导座谈会期间签署了《长三角地区环境保护领域实施信用联合奖惩合作备忘录》②,明确环保领域区域信用合作内容,建立完善区域信用合作机制,发布首个区域严重失信行为认定标准,推出联合惩戒措施。

2018 年 6 月 5 日,为贯彻党的十九大精神,落实国务院《社会信用体系建设规划纲要(2014—2020 年)》《关于建立完善守信联合激励和失信联合惩戒制度加快推进社会诚信建设的指导意见》及《长江三角洲城市群发展规划》等文件要求,立足已有合作基础,进一步深化长三角地区社会信用体系建设合作,共同打响"信用长三角"品牌,为区域经济社会发展营造健康环境,上海市、江苏省、浙江省和安徽省社会信用体系建设牵头单位联合发布《长三角地区深化推进国家社会信用体系建设区域合作示范区建设行动方案(2018—2020 年)》和《2018 年重点工作责任分工表》。③ 同年《关于印发推进长三角城市群信用合作方案》正式稿印发三省一市信用办。④

2020 年初,江苏省信用办牵头,江苏省市场监管局按照法律支撑、审慎

---

① 《长三角区域信用体系专题组第二十五次例会在扬州召开》,载江苏省工业和信息化厅网,http://gxt.jiangsu.gov.cn/art/2017/7/21/art_6257_3028813.html,2021 年 8 月 6 日最后访问。

② 《上海市社会信用建设办公室等关于印发〈长三角地区环境保护领域实施信用联合奖惩合作备忘录〉的通知》(沪信用办〔2018〕6 号),2018 年 9 月 8 日。

③ 《上海市社会信用建设办公室等关于印发〈长三角地区深化推进国家社会信用体系建设区域合作示范区建设行动方案(2018—2020 年)〉和〈2018 年重点工作责任分工表〉的通知》(沪信用办〔2018〕7 号),2018 年 6 月 5 日。

④ 《关于印发推进长三角城市群信用合作方案的通知》,载江苏省发展和改革委员会网,http://fzggw.jiangsu.gov.cn/art/2019/2/12/art_71954_8112865.html,2021 年 8 月 6 日最后访问。

列入、联动惩戒的思路,具体落实对原有《长三角区域食品药品安全领域信用联动奖惩合作备忘录》和《长三角区域食品安全领域"严重失信者名单"互认合作协议》的修订工作,确定了黑名单的认定标准,设定了列入黑名单的 8 种情形;规定了 11 个部门的惩戒措施及联合惩戒的实施方式;细化了黑名单退出情形,并明确黑名单不予修复的要求;完善了三省一市工作会商机制。2020 年 11 月由上海市、江苏省、浙江省、安徽省三省一市信用办、市场监管局共同签署的《长三角区域食品安全领域严重违法生产经营者黑名单互认合作协议》正式发布,这为建立统一的长三角区域食品安全领域失信行为标准互认、信息共享互动、惩戒措施路径互通的严重违法生产经营者黑名单制度,推动长三角区域信用体系建设一体化迈出了坚实的一步。《长三角区域食品安全领域严重违法生产经营者黑名单互认合作协议》作为长三角区域信用体系建设的重要组成部分,将为长三角区域食品安全领域实施跨区域、跨领域信用联合惩戒提供支撑,为规范净化食品领域市场环境提供抓手,进而促进食品行业的健康发展。[①]

2. 市场监管合作

2019 年 1 月 3 日,上海市、江苏省、浙江省、安徽省三省一市在上海市签署《长三角地区市场体系一体化建设合作备忘录》,以期逐步实现统一市场规则、统一信用治理、统一市场监管,激发市场主体活力,有效扩大内需,增强整个区域的发展动力。根据备忘录,三省一市将共同推动长三角地区市场体系一体化建设。长三角地区三省一市将在共同办好中国国际进口博览会等重大活动、统一企业登记规范、开展失信联合惩戒、加强食品安全监管协作、推动检验检测认证结果互认互通等方面进一步加强合作,建立跨区域市场

---

① 《〈长三角区域食品安全领域严重违法生产经营者黑名单互认合作协议〉正式发布》,载江苏省市场监督管理局网,http://scjgj.jiangsu.gov.cn/art/2020/11/13/art_70154_9567852.html,2021年 8 月 6 日最后访问。

监管合作机制,联合探索新业态包容审慎监管,共同营造良好营商环境,促进区域市场融合发展。[①]

2019 年 4 月 17 日,长三角地区市场体系一体化建设市场监管联席会议在上海市召开。上海市、江苏省、浙江省、安徽省三省一市市场监管局局长审议了《长三角地区市场体系一体化建设 2019 年重点合作事项总体安排》,明确了首批启动的包括优化营商环境、加强监管执法、推动质量提升等方面的 9 个协作项目的具体建设方案。[②]

2019 年 5 月 24 日,沪苏浙皖三省一市市场监管部门在安徽省芜湖市签署了《长三角地区共同开展"满意消费长三角"行动方案》,携手深化长三角地区放心消费环境建设合作,共同打响"满意消费长三角"品牌,为区域经济社会发展营造良好环境,更好地服务长三角一体化发展的国家战略。该行动方案提出,到 2022 年,长三角地区培育发展放心消费示范单位 20 万家以上,实现放心消费创建全域覆盖;消费领域守信激励和失信惩戒机制进一步健全,实现诚信守法、公平竞争;全面形成覆盖城乡、通道便捷、关口前移、部门联动、多方参与的消费纠纷高效化解格局,消费纠纷处理率达到 100%,"满意消费长三角"将成为反映区域高质量一体化发展的重要品牌,长三角地区将成为更具有国际影响力的品质消费目的地。[③]

2019 年 8 月 6 日,"满意消费长三角"行动专项工作组会议在安徽省黄山市召开。会上,三省一市市场监管局分管局领导现场签署了《长三角地区共同开展"满意消费长三角"行动实施方案(2019—2022 年)》,分别发布了《长三角地区共同开展"满意消费长三角"行动实施方案(2019—2022 年)》《关于长三角地区放心消费建设评价工作的指导意见》《长三角地区共同开

① 励漪:《长三角市场体系一体化建设合作备忘录在沪签署》,载《人民日报海外版》2019 年 1 月 4 日第 02 版。

② 徐上:《沪苏浙皖联手推进长三角地区市场体系一体化建设:首批启动 9 个重点协作项目》,载《中国市场监管报》2019 年 4 月 19 日第 001 版。

③ 鲍亮亮:《沪苏浙皖共建"满意消费长三角"》,载《安徽日报》2019 年 5 月 26 日第 01 版。

展"满意消费长三角"行动规范网络餐饮服务净网行动方案》《长三角地区开展"满意消费长三角"消费投诉举报协作行动工作方案》《推进长三角地区网络监管一体化建设实施方案》等文件。三省一市市场监管部门携手深化长三角地区满意消费环境建设合作，共同打响"满意消费长三角"品牌。①

2021年6月24日至25日，长三角三省一市市场监管部门在上海市浦东新区联合举行"满意消费长三角"行动专项工作组会议暨长三角消费纠纷多元化解协作行动启动仪式。九市一区市场监管部门共同签署了《消费者权益保护一体化建设合作备忘录》。②

2021年5月17日，为深入贯彻中共中央、国务院《生态文明体制改革总体方案》和《长江三角洲区域一体化发展规划纲要》等战略部署，落实《国务院办公厅关于建立统一的绿色产品标准、认证、标识体系的意见》要求，聚焦上海市、江苏省、浙江省、安徽省三省一市生态绿色发展优势，有效发挥质量认证职能作用，共同构建长三角绿色认证一体化发展格局，助力提升长三角生态绿色发展质量和效益，三省一市联合印发了《长三角绿色认证一体化发展实施方案》③。

3. 生态环境领域合作

（1）新安江流域生态补偿

在2009年3月的长江三角洲城市经济协调会第九次会议上，针对长三角流域跨界水体污染问题，长三角各省市积极加强环保联动与协调，形成了

---

① 《长三角地区"满意消费长三角"专项工作组会议在安徽召开》，载浙江省市场监督管理局（知识产权局）网，http://zjamr.zj.gov.cn/art/2019/8/7/art_1228969893_41144970.html，2021年8月6日最后访问。

② 《长三角三省一市举行"满意消费长三角"行动专项工作组会议暨长三角消费纠纷多元化解工作行动启动仪式》，载江苏省市场监督管理局网，http://scjgj.jiangsu.gov.cn/art/2021/6/25/art_70154_9860116.html，2021年8月6日最后访问。

③ 《上海市市场监督管理局 江苏省市场监督管理局 浙江省市场监督管理局 安徽省市场监督管理局关于印发〈长三角绿色认证一体化发展实施方案〉的通知》（沪市监认证〔2021〕294号），2021年5月17日。

长三角跨界水体生态补偿机制总体框架。此次研究形成的长三角流域跨界水体生态补偿机制,是在建立行政区河流交接断面水质目标双向考核制度的基础上,通过确定双方责任、制定补偿标准、核算补偿金额等方式,形成的一种污染赔偿或者受益补偿的制度。[1]

在习近平总书记的倡导和指导下,在国家有关部委大力支持下,2012—2014 年、2015—2017 年、2018—2020 年,皖浙两省开展了 3 轮新安江流域生态补偿改革试点,取得丰硕成果,新安江流域成为生态补偿机制建设的先行探索地,成为习近平生态文明思想的重要实践地。[2] 2018 年 11 月,皖浙两省签署《关于新安江流域上下游横向生态补偿的协议》,标志着新安江流域生态补偿机制完成第三轮续约。新一轮新安江流域生态补偿协议期限为2018—2020 年,根据此次签署的协议,皖浙两省共同设立新安江流域上下游横向生态补偿资金,其间两省每年各出资 2 亿元。两省在延续流域生态补偿机制的基础上,积极采取工程、经济、科技等措施,加快形成绿色生产方式和生活方式,共同推进全流域生态环境保护与经济社会协调可持续发展。[3]

(2)跨界环境污染

跨界环境问题成为长三角区域合作中一项重要内容。2009 年 7 月,苏浙沪共同签订了长三角地区跨界环境污染纠纷处置和应急联动工作方案,2010 年 9 月,浙江与安徽签订了协议。2012 年 10 月,长三角三省一市签订跨界联动协议,并通过《长三角地区环境应急救援物资信息调查工作方案》。2013 年 4 月中旬,苏浙沪皖三省一市签订《长三角城市环境保护合作(合肥)宣言》。2013 年 4 月 26 日在安徽省马鞍山市召开的 2012 年度长三角地区

---

[1] 《长三角地区形成跨界水体生态补偿机制总体框架》,载中华人民共和国中央人民政府网,http://www.gov.cn/jrzg/2009-03/28/content_1271356.htm,2021 年 8 月 6 日最后访问。

[2] 李锦斌:《深化新安江流域生态补偿改革 奋力谱写美丽中国的最好篇章》,载《中国环境报》2020 年 8 月 18 日第 001 版。

[3] 《新安江流域上下游横向生态补偿试点完成第三轮续约》,载中华人民共和国中央人民政府网,http://www.gov.cn/xinwen/2018-11/02/content_5336960.htm,2021 年 8 月 6 日最后访问。

跨界环境污染纠纷处置和应急联动工作总结会议印发了《长三角地区环境应急救援物资信息库》。

2013年5月,上海市、江苏省、浙江省、安徽省的环保部门签署《长三角地区跨界环境污染事件应急联动工作方案》。该工作方案确立了扎实推进应急联动7个方面的工作:建立各级跨界环境污染纠纷处置和应急联动机制,开展联合执法监督和联合采样监测,协同处置应急事件,妥善协调处理纠纷,做好信息互通共享,加强预警工作,开展后督查工作。①

2017年11月,太湖流域管理局在上海市青浦区组织召开了太浦河水资源保护省际协作机制第二次会议。会上,太湖流域管理局提出了《太浦河水资源保护省际协作机制——水质预警联动方案》,将根据各方反馈意见修改完善此方案,并将联合有关部门继续做好太浦河水资源保护工作。②

随着长三角区域一体化发展上升为国家战略,社会各界对太浦河水资源保护工作提出新的更高的要求。在此背景下,水利部太湖流域管理局于2020年10月14日,组织三级八方生态环境、水利(务)部门,聚焦新形势、新要求,对《太浦河水资源保护省际协作机制工作方案》进行修订和完善。该工作方案在巩固原有太浦河水资源保护省际协作机制成果的基础上,进一步强化太浦河防洪、供水、水生态的功能作用,加强饮用水水源安全风险管控。该工作方案明确了联合监管、联合调度、信息共享、预警联动、水源地一体化管理和联合执法等6个方面的工作内容。③

---

① 何苗:《长三角共谋区域公共安全 拟联动处置跨界环境污染》,载《21世纪经济报道》2013年5月7日第07版。

② 《太浦河水资源保护省际协作机制第二次会议在上海青浦召开》,载中华人民共和国水利部网,http://www.mwr.gov.cn/xwsjzs201711/t20171122_1015004.html,2021年8月6日最后访问。

③ 《三级八方生态环境、水利(务)部门共同修订太浦河水资源保护省际协作机制》,载水利部太湖流域管理局网,http://www.tba.gov.cn/slbthlyglj/thyw/content/f174a966-3001-4bb7-98ef-507d5f2f916f.html,2021年8月6日最后访问。

4.行政执法合作

(1)城市管理综合行政执法

2020 年 7 月 24 日,上海市、江苏省、浙江省、安徽省三省一市的城管执法部门在上海市青浦区召开首次长江三角洲区域一体化城市管理综合行政执法协作机制会议。会上,四地相关部门共同签署了《长江三角洲区域一体化城市管理综合行政执法协作机制》,并发布了首批《长江三角洲区域一体化城市管理综合行政执法协作清单》及《长江三角洲区域一体化城市管理综合行政执法协作三年行动计划(2021—2023)》[①]。

2021 年 4 月 20 日,上海市、江苏省、浙江省三地城管部门在青浦区朱家角召开沪苏浙省际毗邻区域共同管辖执法协作会议。会上,上海市与江苏省、浙江省毗邻的崇明区、宝山区、嘉定区、青浦区、金山区的五区城管执法区局分别与江苏省苏州市、南通市及浙江省嘉兴市城管执法部门共同签署《长三角沪苏浙省际毗邻区域城市管理综合行政执法共同管辖协作框架协议(2021—2023)》,省际毗邻区分组签订了《毗邻区域共同管辖执法协议》。[②]

(2)文物行政执法

2019 年 11 月 22 日,苏浙沪皖三省一市文物局在上海市共同签署《长三角地区推动文物博物馆一体化发展战略合作框架协议》。[③]

2020 年 12 月 1 日,长三角区域文物行政执法合作首届联席会议在江苏

---

① 《关于印发〈长江三角洲区域一体化城市管理综合行政执法协作三年行动计划(2021—2023)〉〈长江三角洲区域一体化城市管理综合行政执法协作清单〉的通知》(沪城管执〔2020〕53 号),2020 年 7 月 30 日。

② 《上海、江苏、浙江三地城管部门召开沪苏浙省际毗邻区域共同管辖执法协作会议》,载上海市青浦区人民政府网,https://www.shqp.gov.cn/cgjc/xxjl/20210421/829512.html,2021 年 8 月 6 日最后访问。

③ 《长三角地区推动文物博物馆一体化发展战略合作协议在上海签署》,载江苏省人民政府网,http://www.jiangsu.gov.cn/art/2019/11/25/art_60085_8839283.html,2021 年 8 月 6 日最后访问。

省常州市召开。由江苏省文物局牵头组织的《长三角区域文物行政执法合作协议》正式签署生效。长三角区域文物行政执法合作联席会议制度的建立和《长三角区域文物行政执法合作协议》的正式签署生效是三省一市文物行政执法部门共同贯彻落实国家长三角区域发展战略的重要举措,也是三省一市文物行政执法部门大力保护文化遗产,促进区域文物行政执法一体化发展的具体体现。[①]

(3)卫生监督综合执法

2019 年 12 月在上海市举行的卫生监督综合执法长三角一体化共建共融研讨会暨重大活动公共卫生监督保障经验交流研讨会上,三省一市卫生健康行政部门共同签署了《长三角卫生监督综合执法一体化发展合作备忘录》。该备忘录明确将逐步推进 3 个领域的合作。首先是统一标准,共同研究制定工作规范,提高监督执法的同质性,制定公共卫生监督技术服务质量控制标准。其次是联合行动,联合开展卫生监督执法队伍演练和培训,互相支持和配合调查取证、线索共享,联合查处跨省市重大违法违规案件,互通违法违规案件查处情况。三省一市卫生健康行政部门将在打击无证行医,消毒产品、涉水产品和餐饮具集中消毒等领域先行先试,建立巡查线索信息共享平台,不断扩大和推广综合监督执法沟通协查机制在卫生健康领域的应用;加强毗邻区域联合执法。第三是共建共享,推动处罚信息共享,交流监督执法经验。三省一市卫生健康行政部门将探索推进医师、护士、无证行医人员等行政处罚结果共享,将行政处罚数据纳入全国信用信息共享平台,强化信用监管,建立卫生健康领域的行政执法联合惩戒机制。[②]

---

① 《文化广电和旅游局:上海江苏浙江安徽签订〈长三角区域文物行政执法合作协议〉》,载常州市人民政府网,http://www.changzhou.gov.cn/ns_news/460160687540828,2021 年 8 月 6 日最后访问。

② 《长三角推进卫生监督综合执法一体化建设》,载中华人民共和国中央人民政府网,http://www.gov.cn/xinwen/2019-12/28/content_5464695.htm,2021 年 8 月 6 日最后访问。

（4）劳动监察执法

2009 年 12 月 18 日,苏浙皖沪三省一市劳动监察执法部门共同签署了《泛长三角地区劳动保障监察工作合作协议》,规定凡三省一市户籍的劳动者,在本区域任何一城市遭遇用人单位克扣、拖欠工资等劳动保障权益受侵害的情况,可通过户籍所在地劳动保障监察机构申请权益异地救济保护。[①]

5. 发展改革委合作

2016 年,长三角地区主要领导座谈会专门提出"打造宁杭生态经济发展带",并由苏浙两省政府主要领导签订了《关于共同推进宁杭生态经济发展带建设合作框架协议》,明确提出由苏浙两省发展改革委联合开展宁杭生态经济发展带建设规划编制工作。2017 年 3 月 9 日,苏浙两省联合召开宁杭生态经济发展带建设规划编制专题调研座谈会,来自 6 个地市 15 个县区的有关领导现场做了汇报。[②]

2017 年 11 月 6 日,2017 年长三角合作与发展联席会议能源专题组座谈会在江苏省溧阳市召开,三省一市发展改革委和能源局领导出席会议。会议对《长三角三省一市加强能源领域战略合作框架协议》进行了讨论,初步达成共识,根据要求拟在长三角地区主要领导座谈会上由三省一市分管领导正式签署。会议审议通过了《2017 年长三角合作与发展联席会议能源专题组座谈会会议纪要》。[③]

2021 年 3 月 27 日至 28 日,长三角地区发展改革委(长三角办)主任工

---

① 郭奔胜、刘巍巍：《长三角一体化加速前行》,载《金华日报》2010 年 1 月 19 日第 5 版。

② 张茜：《宁杭生态经济发展带建设规划编制座谈会在湖召开》,载《湖州日报》2017 年 3 月 10 日第 A01 版。

③ 《2017 年长三角合作与发展联席会议能源专题组座谈会在江苏省常州市溧阳召开》,载江苏省发展和改革委员会网,http://fzggw.jiangsu.gov.cn/art/2017/11/7/art_282_6658550.html,2021 年 8 月 6 日最后访问。

作座谈会第一次会议在江苏省常州市召开。会议明确,建立长三角地区发展改革委(长三角办)主任定期会商机制,全力协调推进一批一体化重大事项。[①]

6.政法系统、司法部门合作

(1)政法系统座谈会

2008年10月23日,上海市委政法委、江苏省委政法委、浙江省委政法委共同举办的首届长三角地区政法综治工作协作发展论坛在江苏省南京市举行,会上签署了《长江三角洲地区政法综治工作协作交流框架协议》。根据这个协议,苏浙沪两省一市将在化解社会矛盾纠纷、建立区域矛盾排查化解协调机制,整合三地流动人口信息管理资源、建立三地人口管理网络平台、加强流动人口服务管理,治安防控对接、建立三地警务协作机制,探索建立三地法律适用统一协调、建立司法协作机制,整合区域法律服务资源、建立区域法律服务协作网络,信息化建设、队伍建设、法学研究等方面展开全面协作,实现资源和成果共享。

2018年5月26日上午,沪苏浙皖四地政法系统在上海市召开长三角政法系统推进平安建设、法治建设座谈会,会上审议通过了《沪苏浙皖政法系统关于推进更高质量平安长三角法治长三角建设总体方案》。[②]

为了更好地服务和保障长三角生态绿色一体化发展示范区建设,深化跨区域政法协同联动机制,打造"C位长安"品牌,2020年8月28日,上海市青浦区、江苏省苏州市吴江区、浙江省嘉善县政法系统推进高质量平安法治一体化合作框架协议签订仪式在吴江区举行。三地政法系统将在强化党建

---

① 《2021年长三角地区发展改革委(长三角办)主任工作座谈会第一次会议在江苏省常州市召开》,载安徽省发展和改革委员会网,http://fzggw.ah.gov.cn/jgsz/jgcs/zsjqyythfzcxwzx145679351.html,2021年8月6日最后访问。

② 郑法玮、张倩:《建设更高质量平安长三角法治长三角》,《浙江法制报》2018年5月28日第01版。

引领、统一法律适用、执法司法协作、社会联防联控、法律便民服务、矛盾纠纷联调、政法数据共享、联合宣传调研等方面深入开展合作,共同推进示范区平安法治一体化高质量发展。[①]

(2)司法部门合作

2018年10月30日上午,沪苏浙皖司法厅(局)共同推进更高质量平安长三角法治长三角建设座谈会在上海市举行。上海市、江苏省、浙江省、安徽省四地司法厅(局)共同签署《沪苏浙皖司法厅(局)关于共同推进更高质量平安长三角法治长三角建设的合作协议》。沪苏浙皖四地司法厅(局)合作的重点项目共有20项,主要体现在法治建设、法律服务、监管执行、队伍建设、信息化建设和数据共享五大方面。四地司法厅(局)区域合作采取轮值制,每一个轮值周期为一年。[②]

2019年11月13日上午,2019年沪苏浙皖司法厅(局)构建长三角法治化营商环境建设区域协同机制座谈会在浙江省嘉善县召开。会上,沪苏浙皖司法厅(局)共同发布了《进一步优化长三角法治化营商环境宣言》。沪苏浙皖司法厅(局)还共同签署《沪苏浙皖司法厅(局)2019—2020轮值年度区域合作重点项目》,确定了包括联合举办"法治长三角"系列论坛活动之基层依法治理论坛、联合建设长三角律师信息查询平台、研究起草《长三角水域环境卫生管理规定》等在内的12个重点项目。据了解,这些重点项目将由四地司法厅(局)分别研究制订推进落实的具体工作计划。上海市青浦区、江苏省苏州市吴江区、浙江省嘉善县司法局局长共同签署有关协议。[③]

2021年6月10日,司法部组织推动,上海市、江苏省、浙江省、安徽省共

---

① 《青吴嘉政法系统签订合作框架协议》,载苏州市人民政府网,http://www.suzhou.gov.cn/szsrmzf/qxkx/202008/0d61df6a4f674135ae0082d985db6a65.shtml,2021年8月6日最后访问。

② 《沪苏浙皖司法厅(局)在沪签署共同推进更高质量平安长三角法治长三角建设合作协议》,载安徽省司法厅网,http://sft.ah.gov.cn/zhzx/sfyw/39611074.html,2021年8月6日最后访问。

③ 李灿、肖峰:《〈进一步优化长三角法治化营商环境宣言〉发布》,载《浙江日报》2019年11月14日第002版。

同参与发起的长三角区域行政规范性文件合法性审核机制一体化建设合作协议签约仪式在安徽省芜湖市举行。这标志着长三角区域一体化法治建设又迈出了重要一步。上海市政府办公厅、江苏省司法厅、浙江省司法厅、安徽省司法厅作为省级政府行政规范性文件合法性审核机构,将认真履行合作协议,在7个方面展开合作:推进政策互认、政策协同;研究建立联席会议和重大事项会商制度;加强机构队伍建设;规范审核工作程序;分类细化审核标准;强化结果实际运用;加强信息化建设。[①]

7.知识产权领域合作

2009年4月,2008年度长三角地区知识产权发展和保护状况新闻发布会在上海市召开,江苏省、浙江省、上海市三地共同签署了《长三角地区知识产权发展与保护合作框架协议书》。

2018年4月20日上午,长三角地区知识产权一体化发展新闻发布会在上海市召开,上海市、江苏省、浙江省、安徽省三省一市知识产权联席会议办公室在现场签署合作框架协议。苏浙沪皖共同签署的《长三角地区知识产权一体化发展框架协议书》显示,相关省市将建立区域知识产权发展共商机制、区域知识产权布局共进机制、区域知识产权保护共治机制、区域知识产权服务共享机制及区域知识产权人文环境共建机制。[②]

2018年8月15日,值2018上海书展暨"书香中国"上海周开幕之际,由上海市新闻出版局倡议的长三角一体化出版发展战略合作协议签约仪式在上海展览中心举行。来自长三角三省一市的新闻出版(版权)局负责人共同签署了《关于共同推动长三角区域出版和版权发展的框架协议》。该框架协

---

① 李光明、彭继友:《推进长三角区域行政规范性文件合法性审核机制一体化建设》,载《法治日报》2021年6月11日第003版。

② 《江苏与沪浙皖签署长三角知识产权一体化发展协议》,载江苏省知识产权局网,http://jsip.jiangsu.gov.cn/art/2018/4/23/art_76011_8791893.html,2021年8月6日最后访问。

议明确:长三角区域三省一市今后将在行业监管、产业发展、公共文化服务及合作交流等方面深化合作,共促发展;建立长三角新闻出版(版权)局长联席会议机制,每年召开一次"长三角新闻出版高峰论坛",由三省一市轮流举办等合作机制。

2019 年 8 月 30 日开幕的第二届江苏(南京)版权贸易博览会上,上海市、江苏省、浙江省和安徽省版权局共同签署了《长三角地区共同营造版权产业高质量发展市场环境合作协议》。[①]

2019 年 10 月,上海市知识产权服务中心、江苏省专利信息服务中心、浙江省知识产权研究与服务中心、安徽省知识产权信息平台共同签署《长三角地区知识产权公共服务合作框架协议》。长三角知识产权公共服务一体化进程加快。框架主要包括 6 个部分内容。一是建立长效合作交流机制,如针对知识产权的难点热点,形成年度任务清单;二是高效运用知识产权信息综合资源,如建设相关平台和专题数据库,定期发布长三角统计数据,等等;三是助推协同创新合作模式形成,协同开展对需求开发、许可转让、价值分析、质押融资、侵权鉴定等方面的服务;四是推动长三角地区知识产权人才资源共享;五是开展长三角地区海外知识产权保护资源的共建;六是研究探索长三角区域性知识产权公共服务联动发展。[②]

8. 教育领域合作

2018 年 12 月 13 日,第十届长三角教育一体化发展会议在上海市召开,上海市、江苏省、浙江省、安徽省三省一市分管副省(市)长共同签署了《长三角地区教育更高质量一体化发展战略协作框架协议》。作为今后长三角教育一体化发展的总体战略规划和纲领性文件,该战略协作框架协议明确了

---

① 隋明照:《版权产业助力区域一体化发展》,载《中国新闻出版广电报》2019 年 9 月 5 日第 6 版。

② 杜康:《长三角知识产权公共服务加快一体化》,载中华人民共和国中央人民政府网,http://www.gov.cn/xinwen/2019-10/26/content_5445246.htm,2021 年 8 月 6 日最后访问。

长三角一体化发展的主要目标、发展的推进路径及发展的保障机制,标志着长三角教育发展迈入一个全新的一体化、高质量发展阶段。该战略协作框架协议对长三角一体化发展提出了"两步走"目标,明确成立长三角教育一体化发展领导小组,由三省一市分管副省(市)长任组长,邀请教育部相关领导担任领导小组特别顾问。[①] 会上,"长三角区域教育现代化监测中心"、首批 4 家"长三角地区联合职业教育集团"等重点协作项目揭牌。三省一市教育厅(教委)负责同志签署了《长三角地区教育一体化发展三年行动计划》和《长三角地区教育一体化发展近期工作要点》。[②]

2020 年 11 月 26 日,第十二届长三角教育一体化发展会议在江苏省苏州市吴江区举行。会上,三省一市教育行政部门共同签署了《长三角一体化教育协同发展三年行动计划(2021—2023 年)》。三省一市围绕高质量打造全球卓越的教育区域创新共同体,聚焦高等教育协同创新、基础教育优质发展、职业教育协同平台建设、教育人才交流合作、教育现代化建设及长三角教育协同发展体制机制等领域,明确了未来 3 年 6 个方面 27 项重点细则任务。[③]

9. 信息化领域合作

2019 年 5 月 22 日,在安徽省芜湖市举行的 2019 年长三角地区主要领导座谈会上,上海市经济信息化委、江苏省工信厅、浙江省经信厅、安徽省经信厅共同签署了长三角地区智能网联汽车一体化发展战略合作协议。三省一市将围绕以下方面展开合作:共同打造智能网联汽车一体化测试认证示

---

① 《沪苏浙皖达成战略协作 推进长三角地区 2025 年整体实现教育现代化》,载中华人民共和国中央人民政府网,http://www.gov.cn/xinwen/2018-12/13/content_5348620.htm?_zbs_baidu_bk,2021 年 8 月 6 日最后访问。

② 《第十届长三角教育一体化发展会议在上海召开》,载江苏省教育厅网,http://jyt.jiangsu.gov.cn/art/2018/12/17/art_58259_7956439.html,2021 年 8 月 6 日最后访问。

③ 《第十二届长三角教育一体化发展会议在吴江举行》,载苏州市吴江区人民政府网,http://www.wujiang.gov.cn/zgwj/wjxw/202011/2f117835cbc046d2a744d5eee635894a.shtml,2021 年 8 月 6 日最后访问。

范体系;共同发展智能网联汽车新一代基础设施;共同建立智能网联汽车产业发展标准;共同建设智能网联汽车测试试点示范区。[①]

为认真贯彻落实长三角区域一体化发展国家战略及2021年度长三角地区主要领导座谈会精神,进一步做好信息化专题组工作,2021年4月28日《长三角区域一体化发展信息化专题组2021年工作计划》印发[②];2021年8月2日《长三角区域一体化发展信息化专题组三年行动计划(2021—2023年)》及重点工作清单印发。[③]

10.金融领域合作

2018年6月1日,长三角地区主要领导人座谈会在上海市召开,三省一市政府联合相关金融机构签署了《组建长三角一体化发展投资基金合作框架协议》,共同发起长三角一体化发展投资基金,重点投向跨区域重大基础设施、生态环境治理等领域,充分发挥基金对一体化发展的促进作用。

2019年5月22日,2019年长三角地区主要领导座谈会暨第一届长三角一体化发展高层论坛召开,"长三角一体化ETF"项目在本次会议上正式签约,上海证券交易所、汇添富基金、浦发银行、上海国盛集团、苏州国际发展集团、宁波开发投资集团、美年大健康、三七互娱等机构代表出席了签约仪式。

2014年9月25日,首届长三角金融办主任圆桌会议在上海市举行。会议一致同意建立长三角金融办主任圆桌会议机制,每年召开一次长三角金

---

① 《长三角地区智能网联汽车一体化发展战略合作协议正式签署》,载《中国电子报》2019年5月28日第02版。

② 《浙江省经济和信息化厅关于印发长三角区域一体化发展信息化专题组2021年工作计划的通知》(浙经信云计算〔2021〕69号),载浙江省经济和信息化厅网,http://jxt.zj.gov.cn/art/2021/4/29/art_1582899_22656.html,2021年8月6日最后访问。

③ 《浙江省经济和信息化厅关于印发〈长三角区域一体化发展信息化专题组三年行动计划(2021—2023年)〉及重点工作清单的通知》(浙经信云计算〔2021〕121号),载浙江省经济和信息化厅网,http://jxt.zj.gov.cn/art/2021/8/4/art_1582899_22751.html,2021年8月6日最后访问。

融办主任圆桌会议,三省一市金融办主任、分管副主任和相关处室负责人参加。长三角金融办主任圆桌会议机制的宗旨是:形成长三角金融办之间常态化交流平台,研究推动长三角金融相互交流、务实合作、共同发展,更好地服务长三角地区率先发展和一体化发展。会议采取轮流主办的方式,轮流方式与长三角合作与发展联席会议机制一致。①

2018年7月,第五次长三角金融办主任圆桌会议在上海市成功举办,三省一市金融办签署了共同防范区域金融风险的合作协议和金融全面合作战略协议。②

2019年3月12日,长三角科创板企业金融服务一体化合作会议在上海证券交易所召开。会上,上海市、江苏省、浙江省、安徽省的地方金融管理局共同签署了《长三角科创板企业金融服务一体化合作协议》。③

2019年5月22日,2019年长三角地区主要领导座谈会及首届长三角一体化发展高层论坛在安徽省芜湖市举行。上海市地方金融监督管理局、上海期货交易所与浙江省地方金融监督管理局、中国(浙江)自由贸易试验区管理委员会、物产中大集团股份有限公司共同签署《共建长三角期现一体化油气交易市场战略合作协议》。④

11.交通领域合作

2018年1月12日,在江苏省苏州市举行的长三角地区主要领导座谈会上,中国民用航空局与三省一市签订了《关于共同推进长三角地区民航协同

---

① 葛佳:《长三角研推金融市场共建共享》,载《东方早报》2014年9月26日第A29版。
② 沈则瑾:《长三角金融一体化发展加速》,载《经济日报》2018年11月15日第10版。
③ 《聂振平副局长出席长三角科创板企业金融服务一体化合作会议》,载江苏省地方金融监督管理局网,http://jsjrb.jiangsu.gov.cn/art/2019/3/18/art_51403_8278077.html,2021年8月6日最后访问。
④ 《"共筑强劲活跃增长极"——共建长三角期现一体化油气交易市场战略合作协议在皖签署》,载浙江省地方金融监督管理局网,http://sjrb.zj.gov.cn/art/2019/6/27/art_1370340_34995596.html,2021年8月6日最后访问。

发展,努力打造长三角世界级机场群合作协议》,三省一市以"协力打造长三角世界级机场群"为目标,合力谋划世界级机场群建设。

2018 年 6 月 1 日,皖沪苏浙三省一市交通运输部门联合签订《长三角地区打通省际断头路合作框架协议》,协力加快推进区域交通一体化进程。

为深入贯彻落实习近平总书记关于推动长三角更高质量一体化发展的重要指示精神,加快推进长江黄金水道"四个统一",协同推进长三角港航一体化发展,更好服务长三角一体化发展战略,2018 年 12 月 6 日,交通运输部办公厅与长三角三省一市政府办公厅联合印发了《关于协同推进长三角港航一体化发展六大行动方案》,要求积极推进内河航道网络化、区域港口一体化、运输船舶标准化、绿色发展协同化、信息资源共享化、航运中心建设联动化,协同推进港航一体化发展、绿色发展、率先发展,完善上海国际航运中心"一体两翼"格局,推动形成上海国际航运中心、舟山江海联运服务中心和南京长江区域性航运物流中心联动发展的格局,努力实现长三角港航更高质量一体化发展,更好地发挥示范引领作用,更好地服务交通强国建设和长江经济带发展。①

2019 年 5 月,在安徽省芜湖市召开的长三角地区主要领导座谈会上,三省一市交通运输主管部门正式签署了取消高速公路省界收费站合作框架协议。②

2020 年 4 月 2 日,国家发展改革委、交通运输部印发了《长江三角洲地区交通运输更高质量一体化发展规划》(发改基础〔2020〕529 号),同年 6 月,长三角地区主要领导人座谈会在浙江省湖州市举行,长三角三省一市交通运输部门签署了《长三角地区省际交通互联互通建设合作协议》。根据该合

---

① 《交通运输部办公厅 上海市人民政府办公厅 江苏省人民政府办公厅 浙江省人民政府办公厅 安徽省人民政府办公厅关于印发〈关于协同推进长三角港航一体化发展六大行动方案〉的通知》(交办水〔2018〕161 号),载中华人民共和国中央人民政府网,http://www.gov.cn/zhengce/zhengceku/2018-12/31/content_5445683.htm,2021 年 8 月 6 日最后访问。

② 范克龙:《交通一体化助力长三角协同共进》,载《安徽日报》2019 年 10 月 14 日第 09 版。

作协议,三省一市交通运输部门贯彻落实《长江三角洲地区交通运输更高质量一体化发展规划》,坚持互联互通、统一规划、分步实施、协同推进的工作原则,共同推进实施一批 2020—2022 年省际互联互通的重大交通项目,明确年度推进任务和牵头部门。纳入本协议的重点项目共有 54 项,其中涉及浙江省的项目共有 20 项(省际铁路 4 项、省际高速公路 6 项、省际普通公路 6 项、省际航道 4 项)。[①]

2021 年 6 月,为加快长三角区域民航协同发展,打造长三角世界级机场群,推动长三角一体化发展领导小组办公室印发《长江三角洲地区民航协同发展战略规划》。该规划明确提出,到 2025 年,基本形成跨界融合、层次清晰、区域一体的民航高质量发展体系,长三角世界级机场群体系基本建成,航空服务网络通达通畅,区域民航高质量发展,合肥市等区域航空枢纽的发展能级显著提升。到 2035 年,全面建成共建共享共赢的民航协同发展格局,长三角世界级机场群运营规模、运营效率、服务质量和竞争力国际一流。[②]

12.人力社保领域合作

长三角人才开发一体化于 2003 年 4 月正式启动,《长三角人才开发一体化共同宣言》的签署,初步确立了长三角人才开发一体化框架;2003 年 8 月,苏浙沪三地人事部门领导就专业技术职务任职资格互认、异地人才服务、博士后工作合作、高层次人才智力共享、专业技术人员继续教育共享及公务员互派等 6 个制度层面的合作达成一致。

2004 年 6 月 20 日,2004 年长三角人才开发一体化会议召开,苏浙沪三地人事厅(局)和长三角 19 个城市人事局的负责同志会聚江苏省南京市,正

---

① 《签约!〈长三角地区省际交通互联互通建设合作协议〉》,载浙江省交通运输厅网,http://jtyst.zj.gov.cn/art/2020/6/10/art_1676377_46021369.html,2021 年 8 月 6 日最后访问。

② 王弘毅:《长三角民航协同发展战略规划出炉》,载《安徽日报》2021 年 7 月 5 日第 01 版。

式签署了《关于开展人事争议仲裁业务协助和工作交流的协议》《关于三地引进国外智力资源共享的协议》和《关于定期举办网上人才交流大会的协议》,标志着长三角人才开发一体化从制度层面的框架合作进入具体人事工作业务合作阶段。①

2009年11月19日,经长三角地区社会保障合作与发展联席会议第一次会议审议通过,江苏省、浙江省、安徽省人力资源和社会保障厅联合印发《关于长三角地区职工基本医疗保险关系转移接续的意见》。②

2018年3月25日,沪联合苏浙皖共同举办了长三角地区人才交流洽谈会暨2018届高校毕业生择业招聘会,共同签署了《三省一市人才服务战略合作框架协议》,聚焦"人才服务协同计划""人才流动合作计划""人才发展推动计划"三大行动计划整体推进人力资源协作,并根据合作框架协议,启动了高校毕业生"回巢计划"。3月29日在上海市召开了2018年度第一次长三角地区人力资源和社会保障合作与发展联席会议,审议确定了当年工作要点,涉及人才互认共享、社会保障互联互通、劳动关系和信访维稳联动协作4个方面15项合作内容,合作深度和广度都得到进一步提升。9月28日在上海市召开了长三角地区异地就医门诊费用直接结算试点签约暨正式开通仪式、长三角地区人力资源和社会保障合作与发展2018年第二次联席会议,审议通过并签署了6个协议和备忘录,将合作成果固化形成长效机制:一是《长三角地区跨省异地就医门诊医疗费用直接结算试点合作协议》;二是《促进长三角地区就业创业工作合作协议》;三是《长三角地区人力资源社会保障系统人力资源协作工作协议》;四是《长三角区域劳动人事争议调解仲

---

① 《苏浙沪人事官员聚首共商长三角人才开发大计》,载新浪网,https://news.sina.com.cn/o/2004-06-21/15532866743s.shtml,2022年7月1日最后访问。

② 《江苏省人力资源和社会保障厅 浙江省人力资源和社会保障厅 安徽省人力资源和社会保障厅关于印发〈关于长三角地区职工基本医疗保险关系转移接续的意见〉的通知》(苏人社(L)〔2009〕107号),载江苏省人民政府网,http://www.js.gov.cn/art/2010/3/1/art_46855_2681153.html,2021年8月6日最后访问。

裁战略合作协议》;五是《长三角地区劳动保障监察合作协议》;六是《长三角地区工伤保险和劳动能力鉴定合作备忘录》。[①]

2019年11月22日,长三角地区人力资源社会保障一体化发展联席会议在安徽省合肥市召开。会议草签了同年达成的《促进长三角地区就业创业工作合作协议(2019年)》《长三角地区合作与发展工伤保险和劳动能力鉴定合作组现场经验交流会会议纪要》《长三角地区劳动人事争议调解仲裁工作要点(2019—2020)》《长三角地区劳动人事争议疑难问题指导意见》《长三角地区劳动人事争议仲裁案件异地委托调查送达制度》等合作文件。[②]

2021年4月23日,由轮值方江苏省人社厅发起,三省一市人社部门在长三角生态绿色一体化示范区(苏州市吴江区),联合召开长三角地区人社一体化发展联席会议暨长三角"十四五"人社规划编制研讨会。会议审议通过了2021年长三角人社一体化发展工作要点,确定将着力推进深化就业创业服务协作、推动社会保险公共服务一体化、创新人才交流合作机制、共同维护劳动者权益、支持一体化示范区建设、强化全方位工作交流等6个方面工作,细化明确了23项重点合作事项的牵头省市、责任处室单位。[③]

13.民生领域合作

2019年6月12日,长三角残疾人事业一体化发展战略合作框架协议签约仪式在上海光大会展中心举行。三省一市残联共同签署了《长三角残疾人事业一体化发展战略合作框架协议》,为推进长三角残疾人事业一体化发展提供了制度保障,增添了重要动力。此次签约的战略合作框架协议依据

---

① 《人社长三角合作深度广度不断拓展》,载上海市人力资源和社会保障局网,http://rsj.sh.gov.cn/tddyal_17170/20200617/t0035_1371477.html,2021年8月6日最后访问。

② 《2019年长三角地区人力资源社会保障一体化发展联席会议在肥召开》,载安徽省人力资源和社会保障厅网,http://hrss.ah.gov.cn/lddt/ryz/8447378.html,2021年8月6日最后访问。

③ 《积极落实国家战略 共谋区域人社发展》,载江苏省人力资源和社会保障厅网,http://jshrss.jiangsu.gov.cn/art/2021/4/25/art_78497_9767625.html,2021年8月6日最后访问。

形势发展和任务要求，每4年进行一轮更新完善。①

2019年5月11日，2019首届健康长三角峰会在上海市举行。峰会以"健康长三角：聚合·共识·行动"为主题，由长三角区域合作办公室指导，上海市、江苏省、浙江省和安徽省卫生健康委和上海交通大学联合主办。会上，上海市、江苏省、浙江省和安徽省卫生健康委签署三省一市卫生健康合作备忘录，合力推进以下6个方面合作：促进医疗服务均质发展；推进公共卫生一体化；深化中医药创新合作；协同推进健康科技创新；推进健康信息互联互通；建立综合执法监督联动协调机制。②

2020年6月，2020年度长三角地区主要领导座谈会在浙江省湖州市举行，上海市、江苏省、浙江省、安徽省三省一市卫生健康部门共同签约《长江三角洲区域公共卫生合作协议》，拟共同加强卫生应急领域深度合作，建立公共卫生安全信息互联互通机制，开展跨区域远程诊治合作，开展公共卫生科技联合攻关，开展学科人才队伍联合建设，完善平战结合的医疗救治资源配置机制。③

14. 旅游领域合作

2019年5月20日，第十二届中国艺术节组委会全体会议在上海市召开，长三角地区三省一市文化和旅游部门签署了《长三角文化和旅游高质量发展战略合作框架协议》，进一步深化长三角文化和旅游合作与协同发展。根据该协议，长三角三省一市将共同构建目标统一、行动协同的文化和旅游合作协调机制，打造联合开放、充满活力的文化和旅游市场，提供多元优质、

---

① 《长三角残疾人事业一体化发展战略合作框架协议签约仪式在沪举行》，载上海市残疾人联合会网，http://www.shdisabled.gov.cn/clwz/clwz/xwzx/gzdt/2019/06/13/4028fc766b07d409016-b683a95944699.html，2021年8月6日最后访问。

② 《首届健康长三角峰会在上海举行 三省一市签署健康合作备忘录》，载江苏省卫生健康委员会网，http://wjw.jiangsu.gov.cn/art/2019/5/21/art_7290_8342664.html，2021年8月6日最后访问。

③ 吴量亮：《十九项重大合作推进长三角一体化》，载《安徽日报》2020年6月11日第08版。

品牌荟萃的文化和旅游产品，打造全域融合、促进企业发展的文化和旅游产业，构建便捷高效、便民利民的文化和旅游公共服务体系，建设诚信规范、优质安全的文化和旅游服务示范区。在签约仪式上，三省一市还明确了 2019 年共同推进长三角地区文化和旅游高质量发展战略合作的 25 项重点任务。①

2020 年 5 月 26 日，2020 年长三角文化和旅游联盟联席会议在江苏省常州市溧阳市召开。会上，三省一市文化和旅游部门就统筹推进疫情防控和文旅发展进行系统谋划和深入交流。会议讨论并原则通过上海市文化和旅游局牵头制定的《长三角生态绿色一体化发展示范区文化和旅游专项规划》、浙江省文化和旅游厅牵头制定的《长三角文化和旅游安全应急合作协议》、安徽省文化和旅游厅牵头制定的《打造"长三角高品质红色旅游示范基地"框架协议》和江苏省文化和旅游厅牵头制定的《"高铁＋景区门票""高铁＋酒店"等快捷旅游线路方案》《"同游长三角·美好新感受"主题游启动仪式方案》等。②

15.农业领域合作

2019 年 12 月 19 日，长三角绿色农产品生产加工供应联盟在上海光大会展中心揭牌成立。联盟由沪苏浙皖农业农村部门发起成立，是旨在推动长三角地区现代农业一体化高质量发展的跨区域合作组织。联盟将开展绿色农产品生产合作、共建农产品加工联合体和农产品加工区、建设一批农产品物流基地和重要农产品物流产业项目、开展长三角农产品品牌和区域公共品牌推介、开展农业科技交流合作等。③

---

① 《做好艺术节服务保障要像打磨艺术精品》，《上海文汇报》2019 年 5 月 21 日第 3 版。
② 李晓霞：《2020 年长三角文化和旅游联盟联席会议召开》，载中华人民共和国文化和旅游部网，https://www.mct.gov.cn/whzx/qgwhxxlb/js/202005/t20200527_853686.htm，2021 年 8 月 6 日最后访问。
③ 王弘毅：《长三角绿色农产品生产加工供应联盟在沪成立》，载《安徽日报》2019 年 12 月 20 日第 02 版。

2020年8月31日,2020年长三角绿色农产品生产加工供应联盟联席会议在安徽省黄山市举办。会上,沪苏浙皖三省一市签订了农产品加工科技合作、蔬菜产业发展合作、生猪产业合作、设施农业装备合作等4个框架协议,推动区域内农业领域协作发展。在加工科技合作上,三省一市将联合组建长三角农产品加工科技创新联盟,建立长三角农产品加工技术成果信息服务平台,依托农业及农产品加工产业自身特点,围绕解决企业、产业发展瓶颈及关键共性问题,推动协同创新。在蔬菜产业上,推进长三角绿色蔬菜生产加工供应基地建设及市场一体化,加强技术创新合作,共同起草制定蔬菜生产加工流通标准。在生猪产业上,联合组建养猪行业专家库,推进优质生猪基地建设,组织区域品牌互认,加强市场和冷链物流设施建设,等等。在设施农业装备方面,将共同编制《长三角区域设施农业装备行业一体化发展规划纲要》建议书,联合筹建"长三角区域设施农业装备产业联盟"。①

16.住建部门合作

2020年8月20日,沪苏浙皖三省一市住建部门在上海市共同签署《长三角住房公积金一体化战略合作框架协议》,并联合发布首批一体化实施项目,包括长三角公积金异地贷款缴存使用证明项目和长三角购房提取异常警示项目等。②

2020年9月25日,在第二届长三角区域"数字建筑·数字造价"高峰论坛上,上海市、江苏省、浙江省、安徽省三省一市住房和城乡建设部门举行《长三角区域建筑业一体化高质量发展战略协作框架协议》签约仪式。该协议坚持共商共建、市场主导、开放共赢3个基本原则。在合作内容方面,协议明确要加强建筑业领域交流与合作;要构建建筑业一体化市场体系;要推动

---

① 史力:《一市三省签订多个农业框架协议》,载《安徽日报》2020年9月1日第03版。
② 何珂:《长三角住房公积金一体化落地 异地贷款证明信息互认》,载《安徽日报》2020年8月23日第03版。

建筑业高质量发展;要建立区域信息共享和政务服务融合机制。协议明确了相关工作的推进机制:一是成立长三角区域建筑业一体化高质量发展推进领导小组;二是建立健全地区例会制度。①

17.科技领域合作

2003 年 9 月 6 日,在浙江省湖州市安吉县召开的长三角地区建设区域科技创新体系协调会上,沪苏浙两省一市科技主管部门负责人草签了有关合作协议,就开展长三角科技发展战略研究、实现科技资源的开放和共享、联合推动科技创新平台建设、集成研究开发重大关键共性技术等举措达成一致意见。根据协议,沪苏浙两省一市将组织专门人员围绕长三角经济社会发展需要研究制订长三角科技发展战略和中长期发展规划,并纳入国家科技发展中长期规划。三地将共同推进科技体制改革,建立与市场经济和科技发展规律相适应的现代科技管理制度和科技创新体制。同时将相互认可经省市科技行政管理部门认定的相关资质并尽早相互开放国家级和省级重点实验室、科技信息和基础设施。②

2018 年 1 月 11 日,长三角区域创新体系建设联席会议办公室 2018 年度第一次工作会议在上海市召开。会议肯定了江苏省科技厅作为 2017 年度轮值主席做出的贡献。会上讨论了《2018 年度长三角区域创新体系建设工作计划》《长三角科技合作三年行动计划(2018—2020 年)》及《长三角科技协同发展需求》。③

2018 年 12 月初,上海市、江苏省、浙江省、安徽省三省一市共同签署了

---

① 逍遥:《三省一市签订长三角区域建筑业一体化高质量发展战略协作框架协议》,载《中国建设报》2020 年 9 月 30 日第 007 版。

② 张燕、肖国强:《"长三角"区域科技创新体系建设提速:沪苏浙草签有关合作协议》,载《浙江日报》2003 年 9 月 7 日。

③ 《长三角区域科技创新体系建设进入新阶段》,载东方网,http://shzw.eastday.com/shzw/n1102226/n1106028/u1ai11144345.html,2021 年 8 月 6 日最后访问。

《长三角地区加快构建区域创新共同体战略合作协议》,将聚力服务国家战略联手承担重大科技创新任务,共同推进区域内大科学装置建设和科技资源共享,并试行科技创新券在长三角范围内通用通兑。根据该协议,三省一市将联合推进重大科研任务布局,聚焦区域公共安全、民生保障、生态治理等公共领域的科技支撑,以及信息技术、高端装备、节能环保、生命健康、新材料等战略性新兴产业共性关键技术,开展合作研究,攻克一批核心技术。[①]

2018 年 12 月 18 日,江苏省科技厅联合财政厅出台《江苏省大型科学仪器开放共享补贴实施细则》(试行),该细则第 13 条规定"用户补贴主要支持科技型中小企业利用长三角三省一市大型科学仪器共享平台等资源,开展新技术、新产品、新工艺研究开发的活动",为推进长三角一体化发展,将用户补贴支持范围扩大至利用长三角地区三省一市大型科学仪器共享平台等资源的中小企业,以推动长三角区域大型科学仪器等科技资源的开放共享。[②]

(二)长三角生态绿色一体化发展示范区

2019 年 7 月 23 日,江苏省苏州市吴江区在沪举行 2019 中国·吴江长三角区域合作洽谈会。会上,上海市青浦区、江苏省苏州市吴江区、浙江省嘉善县三地 2019 年一体化发展工作方案正式签约。同时,包括长三角生态绿色一体化示范区监测信息共享协议项目、长三角一体化金融示范区项目、健康长三角一体化合作项目等在内的一批区域合作项目也在洽谈会上进行了集中签约。[③]

2019 年 11 月 1 日,长三角生态绿色一体化发展示范区正式挂牌成立。

---

① 汪永安:《沪苏浙皖共建长三角区域创新共同体》,载《安徽日报》2018 年 12 月 8 日第 01 版。

② 《江苏出台〈开放共享补贴细则〉加快推进大型科学仪器资源"共享"发展》,载江苏省科学技术厅网,http://kxjst.jiangsu.gov.cn/art/2018/12/21/art_7525_7961660.html,2021 年 8 月 6 日最后访问。

③ 陈晓思思:《一体化合作项目推进区域高质量发展》,载《吴江日报》2019 年 7 月 24 日。

11月8日,上海市青浦区、江苏省苏州市吴江区、浙江省嘉兴市嘉善县三地司法局联合签署《长三角生态绿色一体化发展示范区司法行政普法与依法治理区域合作框架协议》《长三角一体化示范区联合调解机制建设合作协议》。

2019年11月13日,构建长三角法治化营商环境建设区域协同机制座谈会在浙江省嘉善县举行。上海市青浦区司法局、江苏省苏州市吴江区司法局、浙江省嘉兴市嘉善县司法局共同签署《长三角生态绿色一体化示范区司法行政普法与依法治理区域合作框架协议》《长三角生态绿色一体化示范区联合调解机制建设合作协议》。

2020年4月26日,浙江省嘉善县、上海市青浦区与江苏省苏州市吴江区三地签署《长三角生态绿色一体化示范区社区矫正和检察监督工作协作实施细则(施行)》,为社区矫正与检查监督的跨省协作提供指导。①

2020年6月10日,为深入贯彻《长江三角洲区域一体化发展规划纲要》和《长三角生态绿色一体化发展示范区总体方案》,支持长三角生态绿色一体化发展示范区大胆试、大胆闯、自主改,在改革集成、资金投入、项目安排、资源配置等方面加快形成政策合力,率先将生态优势转化为经济社会发展优势,率先探索从区域项目协同走向区域一体化制度创新,上海市、江苏省、浙江省共同发布《关于支持长三角生态绿色一体化发展示范区高质量发展的若干政策措施》。②

2020年8月26日,长三角市场监管联席会议在浙江省嘉善县举行。会上发布了三省一市市场监管10项重要合作成果,并签订了市场监管科技一体化发展等7个合作协议和备忘录。同时,上海市青浦区、江苏省苏州市、浙江省嘉兴市市场监管局签署了《长三角生态绿色一体化发展示范区"双随

---

① 王一川、沈静:《握指成拳 破壁共享》,载《浙江日报》2020年9月10日第14版。

② 《上海市人民政府、江苏省人民政府、浙江省人民政府印发〈关于支持长三角生态绿色一体化发展示范区高质量发展的若干政策措施〉的通知》(沪府规〔2020〕12号),2020年6月10日。

机、一公开"部门联合监管合作备忘录》。①

根据《长三角生态绿色一体化发展示范区总体方案》要求,为进一步推动示范区建立统一的公共信用管理制度,2020年9月9日,上海市信用办、江苏省信用办、浙江省信用办联合印发《长三角生态绿色一体化发展示范区公共信用信息归集标准(试行)》《长三角生态绿色一体化发展示范区公共信用信息报告标准(试行)》。②

2020年9月16日,长三角生态绿色一体化发展示范区执行委员会联合上海市、江苏省、浙江省二省一市的人力资源和社会保障厅(局)印发了《长三角生态绿色一体化发展示范区专业技术人才资格和继续教育学时互认暂行办法》。③

2020年10月16日,《长三角生态绿色一体化发展示范区重点跨界水体联保专项方案》出台。方案制订过程中,各方认真践行"不破行政隶属、打破行政边界"的一体化思维理念,真正把示范区作为一个整体看待,做到求同存异、相向而行,联保共治形成合力。一体化示范区和协调区范围内47个主要跨界水体纳入该方案实施范围,其中太浦河、淀山湖、元荡、汾湖等"一河三湖"是加强跨界水体联保共治的重点。该方案主要确定了6个方面的工作内容,包括:建立联合河湖长制;实施联合监管机制;开展联合执法会商;完善联合监测体系;健全数据共享机制;深化联合防控机制。④

---

① 《长三角市场监管联席会议在浙江省嘉善县举行》,载江苏省市场监督管理局网,http://scjgj.jiangsu.gov.cn/art/2020/8/26/art_70153_9474408.html,2021年8月6日最后访问。

② 《上海市信用办 江苏省信用办 浙江省信用办关于联合印发〈长三角生态绿色一体化发展示范区公共信用信息归集标准(试行)〉〈长三角生态绿色一体化发展示范区公共信用信息报告标准(试行)〉的通知》(沪信用办〔2020〕5号),载上海市发展和改革委员会网,https://fgw.sh.gov.cn/fgw_shxytj/20211101/20c43a000cf3412ab363c51c7dc7aac5.html,2022年7月1日最后访问。

③ 《关于印发〈长三角生态绿色一体化发展示范区专业技术人才资格和继续教育学时互认暂行办法〉的通知》(示范区执委会发〔2020〕13号),载上海市人力资源和社会保障局网,http://rsj.sh.gov.cn/tqtwj_17340/20200924/t0035_1394251.html,2021年8月6日最后访问。

④ 《〈长三角生态绿色一体化发展示范区重点跨界水体联保专项方案〉出台》,载嘉兴市长三角一体化发展办公室网,http://csjfzb.jiaxing.gov.cn/art/2020/10/26/art_1601417_58923179.html,2021年8月6日最后访问。

2021年8月5日,上海市市场监管局、江苏省市场监管局、浙江省市场监管局、长三角生态绿色一体化发展示范区执委会联合发布《关于支持共建长三角生态绿色一体化发展示范区的若干意见》。该意见提出17条举措,明确从加快制度集成创新、加强事中事后监管、夯实质量基础设施、提升企业服务能级等4个方面支持长三角示范区建设。①

(三)长三角地方政府其他领域合(协)作

2017年7月,上海市张江高新区管委会、上海市金山区、浙江省嘉兴市三方签署了《深化合作加快推进张江长三角科技城建设框架协议》,同年12月,领导小组办公室召开了第一次工作会议,进一步研究了科技城总体概念性规划方案,讨论了产业定位、阶段目标和功能布局等。张江科技园发展有限公司已先后与张江金山园、张江平湖园共同设立了金山科技园项目公司、平湖科技园项目公司,积极筹建两地三方市场协同平台公司,创建"1+2"市场主体协同模式,探索实践统一规划、统一建设、统一管理、统一招商、统一运营的"五统一"工作机制。②

2017年7月12日,上海市松江区、杭州市、嘉兴市三地在沪签订《沪嘉杭G60科创走廊建设战略合作协议》。按照《沪嘉杭G60科创走廊建设战略合作协议》的规划,上海市松江区、杭州市、嘉兴市三地将面向国际国内聚合创新资源,健全协同创新机制,构建协同创新共同体,共建内聚外合的开放型创新网络,构建协同创新格局。③

上海市青浦区、江苏省昆山市、江苏省苏州市吴江区、浙江省嘉善县是

---

① 许海燕:《长三角示范区迎来17条发展"硬"举措》,载《新华日报》2021年8月6日第09版。
② 李治国:《张江长三角科技城建设启动》,载《经济日报》2018年6月22日第10版。
③ 黄红:《服务国家战略,松江杭州嘉兴共同签订〈沪嘉杭G60科创走廊建设战略合作协议〉》,载《松江报》2017年7月14日第01版。

环绕淀山湖最主要的长三角行政区域。2018年8月15日,四地正式签署了《环淀山湖战略协同区一体化发展合作备忘录》,将从交通、金融、医疗等方面展开合作,推动环淀山湖战略协同区融合发展。①

2020年9月18日,长三角地区人力资源社会保障一体化合作签约仪式在浙江省宁波市举行,浙江省宁波市、安徽省合肥市、上海市静安区的人力社保部门签订《深化长三角地区人力资源社会保障一体化合作框架协议》。②

2021年5月,上海市黄浦区司法局、苏州市姑苏区司法局、杭州市萧山区司法局共同签署《三区法治一体化建设合作框架协议》。③

---

① 周琳:《交通医疗金融全面合作 环淀山湖区域将协同发展》,载中华人民共和国中央人民政府网,http://www.gov.cn/xinwen/2018-08/15/content_5314137.htm,2021年8月6日最后访问。

② 林伟、任社:《长三角地区人力资源和社会保障一体化合作签约》,载《东南商报》2020年9月21日第A22版。

③ 《上海市黄浦区司法局、苏州市姑苏区司法局、杭州市萧山区司法局共同签署〈三区法治一体化建设合作框架协议〉》,载上海市黄浦区人民政府网,https://www.shhuangpu.gov.cn/xw/001003/20210521/0166332e-b2e2-4cd1-a88a-08105fd925cc.html,2021年8月6日最后访问。

六、长三角法治发展中的司法机关、监察机关

（一）长三角法治发展中的法院协作

1. 高级人民法院层面

2009 年 5 月 26 日，在第一届长三角地区人民法院司法协作和发展论坛上，沪苏浙三地高级人民法院在浙江省杭州市召开了第二次长三角地区人民法院司法工作协作交流联席会议。会上，为了深入贯彻党的十七大和国务院《关于进一步推进长江三角洲地区改革开放和经济社会发展的指导意见》（国发〔2008〕30 号）精神，加强长三角地区人民法院工作的协作交流，实现区域法院工作的协调发展，共同为长三角地区改革开放和经济社会发展提供有力的司法保障和优质的法律服务，经上海市高级人民法院、江苏省高级人民法院、浙江省高级人民法院充分协商，共同制定《长三角地区人民法院司法协作交流联席会议议事规则》等 13 项司法协作工作规则，总称"长三角地区人民法院司法协作工作规则"。[①] 截至 2020 年已经举办 12 届长三角地区人民法院司法协作工作会议。

2018 年 11 月 28 日，第十届长三角地区人民法院司法协作工作会议在上海崇明举行。会上，苏浙沪皖四地高院院长签署了《关于全面加强长江三

---

① 浙江省高级人民法院关于印发《长三角地区人民法院司法协作工作规则》的通知（浙高法〔2009〕229 号）2009 年 7 月 3 日。

角洲地区人民法院司法协助交流工作的协议》。协议围绕强化重大案事件防范处置合作机制建设、深化司法执行联动协作机制建设、加强跨区域司法服务协作机制建设、探索创新跨区域司法大数据应用工作机制、建立促进法律适用统一的互动交流机制、建立司法体制改革深度合作工作机制、建立人才培养交流合作机制、加强区域服务保障大局经验交流合作机制等提出了8个方面26条任务措施,为推进更高质量平安长三角法治长三角建设,实现更高质量一体化发展提供更加优质的司法服务和保障。[①]

2019年11月5日,第十一届长三角地区法院司法协作工作会议召开,苏浙沪皖四地高院联合签署《长三角地区人民法院环境资源司法协作框架协议》《长三角地区人民法院联合发布典型案例推进法律适用统一实施办法》,进一步加强环境资源审判,促进区域适法统一。根据最高人民法院的意见,案例评选委员会办公室设在上海市高级人民法院。[②]

2020年9月24日,在第十二届长三角地区法院司法协作工作会议上,沪苏浙皖三省一市高级人民法院在安徽省金寨县签署《长三角地区法院一站式多元解纷和诉讼服务体系建设司法协作框架协议》,提出长三角地区法院在多元解纷、分调裁审、立案服务、审判辅助、涉诉信访五大方面共享协作、一体发展的18条任务举措。[③]

2.中级人民法院层面

2020年10月30日,长三角六地市环境资源协作会议暨司法协作实施细则签约仪式在国家生态市湖州市举行,安徽省宣城市中级人民法院与上

---

① 高远、吴锦铭:《长三角地区法院司法协作会议在沪举行》,载《江苏法制报》2018年11月29日第A01版。

② 胡蝶飞:《联合发布典型案例 推进区域适法统一》,载《上海法治报》2019年11月20日第A01版。

③ 周瑞平:《把长三角地区法院打造成诉讼服务新高地》,载《人民法院报》2020年9月25日第01版。

海市第三中级人民法院、江苏省南京市中级人民法院、浙江省杭州市中级人民法院、浙江省湖州市中级人民法院、浙江省嘉兴市中级人民法院共同签订了《长三角环境资源司法协作框架协议实施细则》。该细则是对2019年11月沪苏浙皖三省一市高级人民法院共同签署的《长三角地区人民法院环境资源司法协作框架协议》的细化和充实。该细则由湖州市中级人民法院牵头、6家法院(法庭)共同协商拟定,以区域一体保护、资源信息共享、依法高效务实为原则。该细则共16条,内容主要包括司法协助、审判执行、交流合作、工作保障等4个方面,涵盖环境资源案件跨域立案服务、一体化处理、专项审理、矛盾纠纷多元化解、跨域联合执行、交流会商、信息资源共享、联合业务培训、共建生态修复基地、联组团建党建等多个领域。此外,该细则还约定成立六地市环境资源司法协作工作领导小组,统筹推进各项协作机制和具体协作事项的落实。①

2020年12月25日,浙江省嘉兴市中级人民法院与上海市第二中级人民法院、江苏省苏州市中级人民法院在浙江省嘉善县签订《推动长三角一体化发展司法协作框架协议》,组建长三角首个中级人民法院司法协作联席会议,以更高质量的司法一体化助推长三角一体化发展。该框架协议明确,三地法院将以创新引领、共建共享、高效务实为合作原则,在加强跨域诉讼服务体系建设、矛盾纠纷跨域实质性化解、跨域国际化司法服务和智慧法院应用体系建设、统一法律适用标准、依法惩治各类犯罪、妥善处理民商事纠纷等方面,以及党建共建、业务培训等开展广泛深入的司法协作。三地法院还决定成立长三角一体化司法协作工作联席会议制,负责统筹推进协作机制和具体协作事项的落实。②

---

① 《上海三中院与苏浙皖三地五家法院联合签署〈长三角环境资源司法协作框架协议实施细则〉》,载上海市第三中级人民法院网,http://www.shszfy.gov.cn/tpxx.jhtml?id=1198,2021年8月6日最后访问。

② 许梅、嘉法宣:《沪嘉苏法院签署司法协作框架协议》,载《浙江法制报》2020年12月28日第02版。

3. 基层人民法院层面

2019 年 9 月 11 日,上海市青浦区人民法院、浙江省嘉善县人民法院、江苏省苏州市吴江区人民法院在上海市青浦区共同举办长三角一体化示范区法院司法协作工作会议,并签署《服务保障长三角生态绿色一体化建设司法协作协议》。三地法院将建立长效协作工作机制,在诉讼服务、审判执行、交流合作及工作保障等方面展开深入交流与合作,建立健全三地法院跨域立案工作机制,建立案件识别清单,优化委托送达和事项办理,推进纠纷多元化解,重视环境资源审判,建立专项审判团队,不断深化跨域执行联动。[①]

(二)长三角法治发展中的检察机关协作

2018 年 5 月 17 日至 18 日,以"长三角区域生态环境保护司法协作机制构建"为主题的沪苏浙皖检察工作座谈会在安徽省召开。上海市、江苏省、浙江省、安徽省人民检察院检察长共同签署《关于建立长三角区域生态环境保护司法协作机制的意见》,通过建立日常工作联络、信息资源共享、案件办理、研讨交流及新闻宣传等 5 项司法协作机制,进一步筑牢长三角区域生态环境保护法治屏障。此次签署的意见强调,要建立重大环境污染案件提前介入机制,坚决惩治破坏生态环境的刑事犯罪,重点打击危害长江、淮河、新安江流域生态环境安全、跨省倾倒固体废物的犯罪,强化对生态环境案件的诉讼监督,依法开展生态环境和资源保护公益诉讼,推动生态环境综合治理,构建生态环境跨区域联防联控机制。为加强调查取证协作,该意见明确指出,需要开展异地询问犯罪嫌疑人、异地询问证人和委托调查取证等工作的,可以请求当地同级检察机关提供协助。接到请求的检察机关应当提供

---

① 严剑漪、崔缤予:《长三角一体化示范区法院联合签署协议》,载《人民法院报》2019 年 9 月 12 日第 04 版。

办案场所和技术装备使用等便利,必要时协调有关部门和鉴定机构提供支持。①

2019年11月18日至19日,沪苏浙皖检察工作座谈会在江苏省苏州市召开。会上,三省一市人民检察院检察长共同签署了《沪苏浙皖检察机关关于依法服务保障长三角区域民营企业健康发展的意见》。该意见紧紧围绕党中央和最高人民检查院关于促进民营经济发展的部署要求,着眼于长三角地区民营企业发展现状,从统一区域法律适用标准、改进司法办案方式、建立跨省协作机制3个方面做了可操作的、有针对性的规定。三省一市人民检察院分管检察长、司法厅(局)长还会签了《沪苏浙皖社区服刑人员外出管理办法(试行)》。该办法针对社区服刑人员请假规定限制影响企业经营发展需求、沪苏浙皖三省一市请假标准不统一等现实"症结",统一了标准,将原来规定的请假理由"就医、家庭重大变故等原因"细化为七大类情形。对外出申请、外出审批、外出管理、外出销假、经营外出、检察监督等做了详细规定。②

2020年10月16日,沪苏浙皖检察工作座谈会在上海市召开。会议期间,三省一市检察机关共同签署了《沪苏浙皖检察机关关于依法全面充分履行检察职能为扎实推进长三角一体化发展提供司法保障的意见》。该意见明确要以检察办案为中心,主动监督、智慧履职,在保安全护稳定、服务国际一流营商环境、筑牢生态环保法治屏障、优化一体化示范区等重点区域服务路径等方面,推进司法理念更新、模式创新、机制革新,树立实践标杆。按照该意见,四地检察机关要深化区域检察协作体制机制系统集成,不断推进区域司法政策适用标准统一,持续推动区域检察数据和服务平台共享集成,等

---

① 《沪苏浙皖检察机关签署〈关于建立长三角区域生态环境保护司法协作机制的意见〉》,载上海人大网,http://www.spcsc.sh.cn/n1939/n1944/n1945/n2300/u1ai173179.html,2021年8月6日最后访问。

② 李浩:《沪苏浙皖司法协作共促民营经济发展》,载《安徽日报》2019年11月21日第02版。

等。三省一市检察机关还同时签署了《长三角区域检察协作工作办法》和《沪苏浙皖检察机关关于建立长三角区域未成年人检察工作协作机制的意见》,分别就长三角区域检察机关开展异地协作的方式、流程,建立健全区域内侵害未成年人犯罪发现、惩治、预防机制,加强区域未成年人全面的、综合的司法保护等提出明确意见。①

(三)长三角法治发展中的监察机关协作

2021 年 6 月 23 日,长三角地区纪检监察机关区域合作会议在上海市举行。会上签署了《关于建立长三角纪检监察工作协作机制的协议》。根据《关于建立长三角纪检监察工作协作机制的协议》,长三角三省一市纪检监察机关将通过建立协作机制,推动形成"平台共建、资源共享、业务共进、事项共议、风险共防"的区域一体化工作格局,努力打造推动纪检监察工作高质量发展的区域协作样板。②

---

① 《沪苏浙皖检察工作座谈会在沪举行》,载中华人民共和国最高人民检察院网,https://www.spp.gov.cn/zdgz/202010/t20201017_482197.shtml,2022 年 7 月 1 日最后访问。
② 《长三角地区纪检监察机关区域合作会议在上海举行》,载安徽省监察委员会网,http://www.ahjjjc.gov.cn/ywbb/p/94783.html,2021 年 8 月 6 日最后访问。

七、长三角法治发展中的模式与问题

(一)长三角法治发展的模式

在法律治理方面,"我国在区域经济一体化中经过多年的实践和探索,先后形成了区域行政协议、区域合作组织、区域协作立法、区域行政规划和区域行政指导等 5 种法律治理方式"①。"政府间行政协议的治理优势在于,时效性强,相比于人大立法周期更短,程序更为简便。"但也存在"其阶位过低、履行与纠纷解决机制缺失等问题,特别是涉及到区域间一些政治敏感性问题,以及法律规定的法律保留事项时,应当由各地立法机关通过协作立法的方式来解决或者通过全国人大层面立法解决"。"从长三角区域治理实践看,现阶段已然形成了以政府间行政协议为主、区域协作立法和跨区域协调组织为辅的治理机制。"②

在协同立法方面,长三角立法"以区域为基础,各立法主体依据共同确定之立法文件进行立法的'共同协商型'……这种松散模式具有适用上的开放灵活性"③。

① 叶必丰:《区域经济一体化的法律治理》,载《中国社会科学》2012 年第 8 期,第 112 页。
② 吴伟达:《政府间行政协议:一种长三角区域主要治理机制的选择和完善》,载《宏观经济研究》2020 年第 7 期,第 155-156 页。
③ 宋保振、陈金钊:《区域协同立法模式探究——以长三角为例》,载《江海学刊》2019 年第 6 期,第 169 页。

(二)长三角法治发展面临的问题

早在 2004 年,就有学者总结认为,长三角的法制协调机制主要有行政协议制度和磋商沟通制度两种。①"行政协议即对等性行政契约只是公法契约的一种,它不同于不对等性行政契约即行政合同。笔者认为,行政协议应当是指,两个或者两个以上的行政主体或行政机关,为了提高行使国家权力的效率,也为了实现行政管理的效果,而互相意思表示一致而达成协议的双方行为,它本质是一种对等性行政契约。"②有学者指出"长三角区域政府在实践中创造出了旨在推动和促进区域经济一体的协商对话并缔结协议的联席会议制度,并为泛珠三角区域政府、环渤海区域政府和其他区域政府所效仿","区域政府间的联席会议制度应当以所缔结的协议来定位。这类协议既不是共同行政行为也不是行政合同,而类似于……行政协议,是政府间实现平等合作的一项法律机制"③,并"主张把行政协议作为法律规范性文件来对待"。④

1. 区域行政协议的合宪(法)性问题

由于区域行政协议无法从现行宪法和法律上找到明确依据,因此存在合宪(法)性问题。"由于《中华人民共和国立法法》只承认国务院各部门之间联合立法,没有规定省与省之间、市与市之间可以跨行政区域协同立法问题,这就导致了目前区域协同立法容易陷入缺乏合法性依据的困境。"⑤

---

① 叶必丰:《长三角经济一体化背景下的法制协调》,载《上海交通大学学报(哲学社会科学版)》2004 年第 6 期,第 8-9 页。

② 何渊:《论行政协议》,载《行政法学研究》2006 年第 3 期,第 46 页。

③ 叶必丰:《我国区域经济一体化背景下的行政协议》,载《法学研究》2006 年第 2 期,第 57 页。

④ 叶必丰:《我国区域经济一体化背景下的行政协议》,载《法学研究》2006 年第 2 期,第 66 页。

⑤ 韩业斌:《区域协同立法的合法性困境与出路——基于辅助性原则的视角分析》,载《法学》2021 年第 2 期,第 147 页。

对于合宪性问题，一种观点支持从宪法解释出发，认为"沿着解释的路径，最终都能找到区域行政规划、区域行政指导、区域行政协议、区域性组织和区域协作立法的法律依据，即宪法第三条、第十五条、第三十条、第三十三条、第八十九条等，以及《中华人民共和国立法法》和《中华人民共和国地方各级人民代表大会和地方各级人民政府组织法》上的相关规定"①。另一种观点认为现阶段应当进行宪法修改，"修宪论和解释论并不能截然分开，而是应当有机结合，在不同的发展阶段应适用不同的理论。在现阶段，我国现行宪法与法律很少直接规范区域法律治理，对于其中的中央与地方关系的规定几乎空白，再加上我国并没有权威并且稳定的宪法解释机关。因而，我国适用美国式的解释论，缺乏相应的法制土壤和环境，建构性修宪论是适合我国具体国情的权宜之计和优先选择"②。

对于区域协同立法问题，有学者认为，"如果区域协同立法确属区域协调发展之必需，建议由全国人大常委会有针对性地以立法的方式来解决，这样既可以解决前述宪法层面存在的冲突，也可以使区域协同立法有法律依据，真正做到依法立法。全国人大常委会解决问题可以有两种方式：一是修改立法法，在其中增加有关区域协同立法的内容；二是以类似授权立法的方式，专门做出一个关于区域协同立法的决定"③。还有学者认为，"要实现区域协调发展，亟须在我国宪法法律中明确区域协同立法的地位，尽快制定'区域协同发展法'，构建区域立法激励机制，发挥司法对区域协同立法的推动作用，以推进区域协调发展，实现国家治理现代化"④。

① 叶必丰：《区域经济一体化的法律治理》，载《中国社会科学》2012 年第 8 期，第 114 页。
② 何渊：《论我国区域法律治理的合宪（法）性控制及宪法修改——兼与叶必丰教授商榷》，载《南京社会科学》2015 年第 5 期，第 86 页。
③ 刘松山：《区域协同立法的宪法法律问题》，载《中国法律评论》2019 年第 4 期，第 73 页。
④ 陈建平：《国家治理现代化视域下的区域协同立法：问题、成因及路径选择》，载《重庆社会科学》2020 年第 12 期。

2.区域行政协议条款和履行

"无论是区域一体化已基本成型的长三角和泛珠三角地区的协议,还是其他区域相继缔结的协议,都未约定协议履行中的违约责任、监督和纠纷解决机制。这些内容在国外是由法律规定并有现成机制的,一般无须专门约定。但在我国目前,尚无法可依,有必要在协议中明确。"[①]"从'长三角'和'泛珠三角'区域合作公布的'省际协议'的内容上看,因为缺乏合法的立法主体和有效的执行组织及制度机制,它们极容易流产,变成一个空洞的宣言和象征性指示。"[②]

对此有学者指出,"缔约主体在缔结区域合作协议后,应当在各自的行政立法中对区域合作协议的地位加以规定,或根据区域合作协议制定、修改规章,并推动地方性法规的立、改、废。缔约主体履行区域合作协议的另一方式,就是发布规制性文件,实施规制行为"[③]。

3.区域行政协议纠纷解决

一种观点认为,"区域合作协议拘束力的实现,不同于民事合同或具体行政行为,有赖于组织法机制和基于组织法的责任追究机制(行政处分),取决于公众的推动"[④]。

另一种观点认为,"由长三角一体化办公室或三省一市高级人民法院联名提请最高人民法院出台司法解释,将区域间因行政协议发生纠纷案件纳入第三巡回法庭的受案范围。同时可以考虑该类诉讼由第三巡回法庭专属管辖。此外,为了提高司法救济的效率,对因区域行政协议提起诉讼不应设置行政救济前置程序"[⑤]。

[①] 叶必丰:《我国区域经济一体化背景下的行政协议》,载《法学研究》2006 年第 2 期,第 65 页。
[②] 于立深:《区域协调发展的契约治理模式》,载《浙江学刊》2006 年第 5 期,第 144 页。
[③] 叶必丰:《区域合作协议的法律效力》,载《法学家》2014 年第 6 期,第 11 页。
[④] 叶必丰:《区域合作协议的法律效力》,载《法学家》2014 年第 6 期,第 11 页。
[⑤] 吴伟达:《政府间行政协议:一种长三角区域主要治理机制的选择和完善》,载《宏观经济研究》2020 年第 7 期,第 160 页。

长三角法治一体化发展年度报告(2021 年)

一、前言

2021 年是长三角一体化发展上升为国家战略三周年,是长三角法治一体化由起步探索到长足发展的关键一年。在党的十九届六中全会指引下,根据中央对长三角法治发展做出的重要指示和安排,长三角法治领域克服了新冠疫情等不利因素的影响,经过不断努力和创新推动,取得了可喜的成果。

二、中央顶层设计与长三角法治发展

(一)区域生态环境共同保护

2021年1月,推动长三角一体化发展领导小组办公室印发《长江三角洲区域生态环境共同保护规划》。该规划是由生态环境部会同国家发展改革委、中国科学院编制,主要目的是聚焦上海市、江苏省、浙江省、安徽省共同面临的系统性、区域性、跨界性突出生态环境问题,加强生态空间共保,推动环境协同治理,夯实长三角地区绿色发展基础,共同建设绿色美丽长三角,着力打造美丽中国建设的先行示范区。[①]

(二)区域一体化发展气象保障

2021年1月,经推动长三角一体化发展领导小组审议通过,中国气象局正式印发《长江三角洲区域一体化发展气象保障行动方案》。该行动方案旨在贯彻落实《长江三角洲区域一体化发展规划纲要》,对标党中央、国务院对

[①] 《生态环境部有关负责人就〈长江三角洲区域生态环境共同保护规划〉答记者问》,载中华人民共和国生态环境部网,http://www.mee.gov.cn/zcwj/zcjd/202101/t20210114_817431.shtml,2022年7月1日最后访问。

气象工作的要求,紧扣"一体化"和"高质量"两个关键词,提高重点领域气象服务能级和精度,为长三角一体化发展提供更高质量全覆盖、全方位、全流程的气象保障,也为气候变化应对开设了接口。[①]

(三)虹桥国际开放枢纽建设

2021年2月,国家发展改革委印发了《虹桥国际开放枢纽建设总体方案》。根据《虹桥国际开放枢纽建设总体方案》,虹桥国际开放枢纽是长三角一体化发展国家战略的又一重要承载地,将形成"一核两带"功能布局,其中,"一核"是上海虹桥商务区,是虹桥国际开放枢纽的"发展动力源","两带"是以虹桥商务区为起点延伸北向拓展带和南向拓展带,覆盖沪苏浙。[②]

(四)司法服务和保障

1. 主要措施

2021年2月19日,最高人民法院印发了《关于为推动长三角一体化发展提供司法服务和保障的实施措施》,主要措施包括设立最高人民法院推动长三角一体化发展司法工作小组,成立长三角一体化发展司法专家咨询委员会,建立人民法院推动长三角一体化发展司法联席会议机制,推进一站式诉讼服务协作机制建设,统一简单案件诉讼程序简化规则,建立区域内行政审判专题研讨机制,促进知识产权行政执法标准和司法裁判标准统一,积极

---

① 谢丽萍、李一鹏:《推动长三角一体化发展领导小组审议通过 长三角一体化发展气象保障行动方案印发实施》,载中国气象局网,http://www.cma.gov.cn/2011xwzx/2011xqxxw/2011xqxyw/202101/t20210113_570045.html,2022年7月1日最后访问。

② 《国家发展改革委关于印发〈虹桥国际开放枢纽建设总体方案〉的通知》,载中华人民共和国国家发展和改革委员会网,https://zfxxgk.ndrc.gov.cn/web/iteminfo.jsp?id=17940,2022年7月1日最后访问。

探索环境资源刑事、民事、行政案件"三合一"审理模式,建立统一的诚信诉讼码,健全长三角地区法院典型案例征集、评选机制,推动建立统一的长三角区域律师电子送达地址库,组建区域"长三角司法鉴定人专家库""破产管理人资源库""技术调查官人才库",探索建立区域内法院电子卷宗相互查阅机制,推进智慧法院一体化建设,建立跨区域矛盾联合化解机制,建立联合培训交流机制,等等。①

2.知识产权司法保护

2021年4月,最高人民法院印发《人民法院知识产权司法保护规划(2021—2025年)》,召开推进长三角一体化科技创新知识产权保护工作座谈会,会同国家知识产权局指导上海市、江苏省、浙江省、安徽省的人民法院与当地知识产权局共同推进长三角一体化科技创新和知识产权保护。②

3.一体化发展司法服务和保障

2021年5月20日,由最高人民法院牵头召开了人民法院服务保障长三角一体化发展第一次联席会议。最高人民法院副院长高憬宏提出,要深入贯彻党中央关于推进长三角一体化发展的重大决策部署,总结工作成绩和交流经验,研究部署全面推进智慧法院建设和执行工作"一体化"的具体举措,为推动长三角一体化发展提供更加有力的司法服务和保障。会上,上海市、江苏省、浙江省、安徽省四地高级人民法院共同签署了《长三角地区法院执行工作"一体化"备忘录》。③

---

① 《最高人民法院印发〈关于为推动长三角一体化发展提供司法服务和保障的实施措施〉》,载安徽省发展和改革委员会网,http://fzggw.ah.gov.cn/jgsz/jgcs/zsjqyythfzc/ghzc145601331.html,2022年7月1日最后访问。

② 《司法服务同标准 公平正义无差别——人民法院全面服务保障长三角一体化发展综述(上)》,载中国法院网,https://www.chinacourt.org/article/detail/2021/05/id/6068387.shtml,2022年7月1日最后访问。

③ 《司法服务同标准 公平正义无差别——人民法院全面服务保障长三角一体化发展综述(上)》,载中国法院网,https://www.chinacourt.org/article/detail/2021/05/id/6068387.shtml,2022年7月1日最后访问。

4.一体化发展司法报告

2021年11月2日上午,最高人民法院举行新闻发布会,发布《人民法院服务和保障长三角一体化发展司法报告》暨典型案例,并回答记者提问。此前,上海、江苏、浙江、安徽四地人民法院签署《关于长三角地区人民法院联合发布典型案例推进法律适用统一的实施办法》,初步建立长三角地区人民法院联合发布典型案例机制。此次发布《人民法院服务和保障长三角一体化发展典型案例》,在此前实践探索的基础上,更加注重了案例的典型性、权威性、专业性。下一步,将进一步重视案例研究、编辑和发布工作,完善案例培育、挖掘、指导、发布机制,加强案例成果转化,编选出更多有代表意义的精品案例,进一步总结审判经验,指导审判实践,促进裁判尺度统一,不断提升司法公信力。①

(五)投资专项管理

2021年4月,国家发展改革委印发了《粤港澳大湾区建设、长江三角洲区域一体化发展中央预算内投资专项管理办法》,为长江三角洲区域一体化发展中央预算内投资专项管理,提高资金使用效率,确保资金安全合规使用给予了明确指示②。

---

① 《紧扣一体化和高质量　为长三角一体化发展提供有力司法服务和保障——相关负责人就人民法院服务和保障长三角一体化发展答记者问》,载中华人民共和国最高人民法院网,https://www.court.gov.cn/zixun-xiangqing-329891.html,2022年7月1日最后访问。
② 《关于印发〈粤港澳大湾区建设、长江三角洲区域一体化发展中央预算内投资专项管理办法〉的通知》(发改地区规〔2021〕466号),载中华人民共和国国家发展和改革委员会网,https://www.ndrc.gov.cn/xwdt/tzgg/202104/t20210419_1272548.html? code=&state=123,2022年7月1日最后访问。

（六）水安全

2021 年 6 月，由水利部太湖流域管理局、长江水利委员会、淮河水利委员会共同编制完成的《长江三角洲区域一体化发展水安全保障规划》经推动长三角一体化发展领导小组审议通过并正式印发。该规划为整体提升长三角一体化发展水安全保障能力做出了顶层设计，是指导长三角区域当前和今后一个时期水安全保障工作的重要依据。[①]

（七）多层次轨道交通

2021 年 6 月，国家发展改革委印发了《长江三角洲地区多层次轨道交通规划》，旨在贯彻落实《长江三角洲区域一体化发展规划纲要》战略部署，共建轨道上的长三角，推动构建功能定位精准、规划布局合理、网络层次清晰、衔接一体高效的现代轨道交通系统，支撑区域一体化发展。[②]

（八）"十四五"实施

2021 年 6 月，《长三角一体化发展规划"十四五"实施方案》正式印发实施，部署了构建新发展格局、区域联动发展等 9 个方面的重点任务，并按照清单制、项目化工作推进要求，列出了 3 张清单，明确了"十四五"时期长三角一

---

① 《〈长江三角洲区域一体化发展水安全保障规划〉正式印发》，载中华人民共和国水利部网，http://www.mwr.gov.cn/xw/sjzs/202107/t20210707_1527658.html，2022 年 7 月 1 日最后访问。

② 《关于印发〈长江三角洲地区多层次轨道交通规划〉的通知》（发改基础〔2021〕811 号），载中华人民共和国国家发展和改革委员会网，https://www.ndrc.gov.cn/xwdt/tzgg/202107/t20210702_1285353.html?code=&state=123，2022 年 7 月 1 日最后访问。

体化发展的任务书、时间表和路线图。① 随后,安徽省印发了《安徽省实施长三角一体化发展规划"十四五"行动方案》②《安徽省实施长江三角洲区域一体化发展规划纲要行动计划 2021 年工作要点》。③

(九)现代化建设引领区

2021 年 4 月,中共中央、国务院出台《关于支持浦东新区高水平改革开放打造社会主义现代化建设引领区的意见》,战略定位于推动浦东高水平改革开放,为更好地利用国内国际两个市场两种资源提供重要通道,构建国内大循环的中心节点和国内国际双循环的战略链接,在长三角一体化发展中更好地发挥龙头辐射作用,打造全面建设社会主义现代化国家窗口。④

(十)结对帮扶

2021 年 12 月,国家发展改革委印发了《沪苏浙城市结对合作帮扶皖北城市实施方案》。该方案聚焦增强长三角欠发达区域高质量发展动能,推动皖北等欠发达地区跟上长三角一体化高质量发展步伐,组织沪苏浙有关市(区)结对合作帮扶皖北地区各市,努力构建产业、技术、人才、资本、

① 《长三角一体化发展成果丰硕》,载中华人民共和国中央人民政府网,http://www.gov.cn/xinwen/2021-11/05/content_5648953.htm,2022 年 7 月 1 日最后访问。

② 《关于印发〈安徽省实施长三角一体化发展规划"十四五"行动方案〉的通知》,载安徽省发展和改革委员会网,http://fzggw.ah.gov.cn/jgsz/jgcs/zsjqyythfzc/ghzc/146380431.html,2022 年 7 月 1 日最后访问。

③ 《安徽省实施长江三角洲区域一体化发展规划纲要行动计划 2021 年工作要点》,载安徽省发展和改革委员会网,http://fzggw.ah.gov.cn/jgsz/jgcs/zsjqyythfzc/ghzc/145786131.html,2022 年 7 月 1 日最后访问。

④ 《中共中央国务院关于支持浦东新区高水平改革开放打造社会主义现代化建设引领区的意见》,载中华人民共和国生态环境部网,http://www.mee.gov.cn/zcwj/zyygwj/202107/t20210715_847275.shtml,2022 年 7 月 1 日最后访问。

市场等相结合的结对合作帮扶工作格局,进一步激发皖北地区内生发展动力,不断缩小长三角区域内经济社会发展差距,实现长三角更高质量一体化发展。[1]

2021年12月,农业农村部与安徽省代表在京举行工作会谈,签署《共同推动长三角绿色农产品生产加工供应基地建设加快农业现代化合作框架协议》。中央农办主任、农业农村部党组书记唐仁健,安徽省委书记郑栅洁,安徽省省长王清宪出席会谈。安徽省是农业大省、粮食大省、商品粮调出大省,是长三角的"米袋子""菜篮子""果盘子"。此次签署的合作协议,是第一个聚焦区域农业协调发展、第一个以绿色农产品生产加工供应为主题的部省合作协议。[2]

---

[1] 《关于印发〈沪苏浙城市结对合作帮扶皖北城市实施方案〉的通知》(发改地区〔2021〕1744号),载中华人民共和国国家发展和改革委员会网,https://www.ndrc.gov.cn/xwdt/tzgg/202112/t20211208_1307087.html? code=&state=123,2022年7月1日最后访问。

[2] 《农业农村部与安徽省签署合作框架协议共同推动长三角绿色农产品生产加工供应基地建设》,载中华人民共和国中央人民政府网,http://www.gov.cn/xinwen/2021-12/12/content_5660224.htm,2022年7月1日最后访问。

三、区域内合(协)作机制与长三角法治发展

(一)区域合(协)作探索:经济领域

1.长三角自由贸易试验区联盟

2021年5月10日,长三角自由贸易试验区联盟在上海市成立。三省一市将携起手来,更好地发挥四地自贸试验区的特色优势,共同打造制度创新的试验田,促进长三角更高质量一体化发展。根据计划,长三角自由贸易试验区联盟成立后,将以市场需求为导向,立足长三角资本市场服务基地、长三角国际贸易"单一窗口"等现有功能性平台资源,做强做优贸易便利化、投资便利化、金融创新、跨境研发等十大服务功能,进一步深化四地自贸区的联动发展。①

2.四大产业链联盟

2021年5月27日,在江苏省无锡市举行的第三届长三角一体化发展高层论坛上,长三角集成电路、生物医药、新能源汽车、人工智能四大产业链联盟揭牌。在现场,多个重大合作事项完成签约,合作事项包括《长三角自贸

---

① 《长三角自由贸易试验区联盟成立》,载中华人民共和国中央人民政府网,http://www.gov.cn/xinwen/2021-05/11/content_5605804.htm,2022年7月1日最后访问。

试验区联动发展合作备忘录》《共同做好 2022 年杭州亚运会服务保障合作协议》《深化 5G 创新应用,服务长三角数字化转型战略合作框架协议》《长三角企业家联盟、研究型大学联盟战略合作协议》及《共同建设环太湖科创圈战略合作框架协议》等。①

3.建设皖北承接产业转移集聚区

建设皖北承接产业转移集聚区是实施长三角一体化发展战略和区域协调发展战略的重要"先手棋"。2020 年底,国家发展改革委和安徽省相继印发《促进皖北承接产业转移集聚区建设的若干政策措施》《皖北承接产业转移集聚区建设实施方案》,2021 年以来,亳州市高新区在长三角区域共实现重大项目签约 5 个,其中上海宝龙地产、江苏江阴天江亳州天祥提取基地、浙江伊美控股集团等项目已签约落地。亳州市高新区还广泛对接上海市浦东新区、松江区、闵行区,浙江省义乌市、台州市、金华市、湖州市等地,重点推进园区合作。目前已与上海市松江区新桥镇工业园区、闵行区莘庄镇招商服务中心等 8 家长三角园区签署《园区共建合作协议》。②

4.协同创新核心圈

2021 年 9 月 3 日,嘉昆太协同创新核心圈建设战略合作签约仪式暨"开放北虹桥 创新领航地"北虹桥商务区区域推介会在上海市嘉定区举行。上虹桥产业创新中心等 10 个产业平台启动,南航华东营销中心等 10 个重点项目签约。《关于加快北虹桥商务区产业集聚的若干意见》16 条产业支持新政发布,将对新引进的重点企业分阶段给予最高 1000 万元的奖励。自 2018

---

① 《长三角四大产业链联盟揭牌》,载中华人民共和国中央人民政府网,http://www.gov.cn/xinwen/2021-05/27/content_5613053.htm,2022 年 7 月 1 日最后访问。

② 《皖北打造长三角高质量承接产业转移优选地》,载安徽省经济和信息化厅网,http://jx.ah.gov.cn/sy/syzx/snjxyw/145815771.html,2022 年 7 月 1 日最后访问。

年江苏省苏州市与上海市嘉定区携手共建嘉昆太协同创新核心圈以来,嘉定区、昆山市、太仓市三地坚持科学定位、协同发展、改革创新、开放融合、合作共赢,在产业、科创、生态、民生等领域取得了较为显著的合作成果,嘉昆太协同创新核心圈建设已纳入《长三角一体化发展规划纲要》《虹桥国家开放枢纽建设方案》等文件中,成为推进长三角更高质量一体化发展的重要一环。活动中,苏州市和嘉定区面向"十四五"时期发展的新要求、新机遇,在现有合作的基础上,签订了《江苏省苏州市　上海市嘉定区高质量推进嘉昆太协同创新核心圈建设战略合作框架协议》。同时,嘉定区与昆山市、太仓市签订了《嘉昆太协同创新核心圈备忘签约》,推出了 12 项特色合作项目。为全面贯彻落实《虹桥国际开放枢纽建设总体方案》的部署要求,全力推进《嘉定区全面融入和推动虹桥国际开放枢纽建设行动方案》确定的各项任务目标,会上还发布了嘉定区融入和推动虹桥国际开放枢纽 2021 年重点工作安排,其中包括明确北虹桥商务区功能定位、提升北虹桥商务区产业能级、构筑总部经济引领示范新高地、提升公共服务国际化水平等 55 个子项目。①

5.长江三角洲城市经济协调会

2021 年 10 月 20 日,长江三角洲城市经济协调会第二十一次全体会议在江苏省徐州市召开。长江三角洲城市经济协调会 41 个成员城市市长出席会议。中共江苏省委常委、常务副省长樊金龙,国家发改委地区司,江苏省发展和改革委员会副主任唐晓东,上海市、浙江省、安徽省发展改革委及上海市 16 个市辖区相关负责同志应邀出席会议。长江三角洲城市经济协调会专业委员会、合作联盟有关代表应邀参加会议。会议指出,长江三角洲城市经济协调会将紧扣"一体化"和"高质量"两个关键,从城市合作的实际需求

---

① 《嘉昆太协同创新核心圈建设战略合作,北虹桥开启创新领航之路》,载人民网,http://sh.people.com.cn/n2/2021/0904/c134768-34898860.html,2022 年 7 月 1 日最后访问。

出发,进一步提升服务水平,完善协同机制,促进城市合作,相互赋能,以一体化的思路和举措打破行政壁垒、提高政策协同,发挥各地区优势,各扬所长,实现更合理分工,凝聚强大合力,促进高质量发展,共同把长三角城市群打造成强劲活跃增长极。会议审议通过了《长江三角洲城市经济协调会第二十一次全体会议纪要》等有关文件。①

6. 长三角民营经济跨区域协同发展联盟

2021 年 11 月 2 日,在长三角民营经济跨区域产业协同发展论坛上,合肥市正式加入长三角民营经济跨区域协同发展联盟,并在论坛上做了民营经济发展推介。长三角民营经济跨区域协同发展联盟于 2020 年 11 月由浙江省台州市联合温州市、上海市杨浦区、江苏省常州市、安徽省芜湖市共同发起成立,旨在推动民营经济跨区域协同,为民营经济参与长三角一体化发展探索新路径。联盟将共同推进产业、创新、制度、服务的跨区域协同,共同打造分工有序、功能互补、高效协同的产业集群,为民营经济高质量发展提供新动力。②

(二)"三级运作"区域合作机制

长三角区域合作协同机制由来已久。自 2008 年起,长三角政府层面实行决策层、协调层和执行层"三级运作"的区域合作机制,确立了"主要领导座谈会明确任务方向、联席会议协调推进、联席会议办公室和重点专题组具体落实"的机制框架。长三角区域合作采取轮值制度,每年由一个省(市)作

---

① 《长三角城市经济协调会第二十一次全体会议在江苏省徐州市召开》,载江苏省发展和改革委员会官网,http://fzggw.jiangsu.gov.cn/art/2021/10/22/art_282_10083893.html,2022 年 7 月 1 日最后访问。

② 《合肥:加入长三角民营经济跨区域协同发展联盟》,载安徽省经济和信息化厅网,http://jx.ah.gov.cn/sy/syzx/sxjxyw/146179971.html,2022 年 7 月 1 日最后访问。

为轮值方。其中,决策层即"长三角地区主要领导座谈会",协调层即由沪苏浙皖三省一市常务副省(市)长参加的"长三角地区合作与发展联席会议"。执行层包括"联席会议办公室"和"重点合作专题组"。共设立了交通、能源、信息、科技、环保、信用、社保、金融、涉外服务、城市合作、产业、食品安全 12 个重点合作专题。

1. 主要领导座谈会(决策层)

2021 年 5 月 26 日,2021 年度长三角地区主要领导座谈会在江苏省无锡市举行。上海市委书记李强,上海市委副书记、市长龚正,江苏省委书记娄勤俭,江苏省委副书记、省长吴政隆,浙江省委书记袁家军,浙江省委副书记、省长郑栅洁,安徽省委书记李锦斌,安徽省委副书记、省长王清宪出席会议。国家发展改革委、科技部等国家有关部委负责同志应邀出席会议。会议审议了《长三角地区一体化发展三年行动计划(2021—2023 年)》等文件,重点围绕探索形成新发展格局的路径、夯实长三角地区绿色发展基础、增强区域协同高质量发展动能等方面进行了深入讨论,形成了广泛共识。① 同时,还并行召开了长三角地区合作与发展联席会议、党委政府秘书长座谈会、党委政府研究室主任座谈会,举办了第三届长三角一体化发展高层论坛。

2. 长三角地区合作与发展联席会议(协调层)

2021 年 4 月 28 日,为深入贯彻落实习近平总书记关于扎实推进长三角一体化发展重要讲话精神,加强三省一市统筹协调,长三角常务副省(市)长碰头会在江苏省无锡市召开。会议听取了江苏省联席办关于长三

---

① 《2021 年度长三角地区主要领导座谈会在无锡举行》,载浙江新闻网,https://zjnews.zjol.com.cn/gaoceng_developments/yjj/zxbd/202105/t20210527_22591367.shtml,2022 年 7 月 1 日最后访问。

角地区主要领导人座谈会方案及筹备工作进展情况的汇报,听取了长三角区域合作办关于《长三角一体化发展三年行动计划(2021—2023年)》、重点合作事项清单、2021年工作计划及重大合作事项签约进展情况的汇报。会议对进一步细化完善长三角地区主要领导座谈会、高层论坛、创新成果展、合作签约等活动方案进行了部署。会议要求,要营造良好环境,落实保障条件,高标准高质量筹办好长三角地区主要领导座谈会。区域合作办和联席办对下一步各专题组牵头的年度工作计划和三年行动计划的制定要进行对接并加强指导。①

2021年5月26日,2021年度长三角地区合作与发展联席会议在江苏省无锡市召开,共同商讨扎实推进长三角一体化发展相关工作。会议审议通过了长三角一体化发展新一轮三年行动计划、重点合作事项清单和年度工作计划等文件。会上,三省一市常务副省(市)长共同见证了共建长三角科创产业融合发展带、联合开展产业链补链固链强链行动、成立长三角先进计算联盟、共建张謇企业家学院、共同推动建立长三角绿色农产品展示交易服务中心等5个重大合作事项的签约。沪苏浙皖发展改革委负责同志共同签署了《共建长三角科创产业融合发展带合作协议》。②

2022年1月11日,长三角地区合作与发展联席会议以视频形式召开。会议深入学习贯彻习近平总书记关于扎实推进长三角一体化发展重要讲话和指示批示精神,全面总结2021年长三角一体化发展工作,研究安排2022年工作任务。上海市、江苏省、浙江省、安徽省三省一市常务副省(市)长出席会议并讲话。联席会议指出,2022年是党的二十大召开之年,也是全面落实长三角一体化发展规划"十四五"实施方案承上启下的关键之年。三省一

---

① 《2021年长三角地区常务副省(市)长碰头会在无锡召开》,载浙江省经济和信息化厅网,http://jxt.zj.gov.cn/art/2021/4/29/art_1229471285_58926543.html,2022年7月1日最后访问。

② 《2021年度长三角地区合作与发展联席会议召开》,载中华人民共和国国家发展和改革委员会网,https://www.ndrc.gov.cn/xwdt/dt/dfdt/202106/t20210602_1282492.html?code=&state=123,2022年7月1日最后访问。

市要把牢稳字当头、稳中求进工作总基调,围绕"一极三区一高地"战略定位,落实"一盘棋"实践要求,坚持分工协作与各扬所长相结合、示范引领与统筹推进相结合、政府引导与市场主导相结合,积极融入一体化、服务一体化、推动一体化。①

3.联席会议办公室和重点专题组(执行层)

(1)联席会议

2021年3月11日至12日,2021年长三角文化和旅游联盟联席会议在浙江省台州市召开。会议研究审议《2021年度长三角文化旅游领域重点合作计划》,听取了长三角"一卡通"在文化和旅游领域实现"同城待遇"的推进情况介绍。四地文化和旅游厅(局)主要领导围绕深化文化旅游高质量一体化发展合作,分别进行交流发言。在过去的2020年,上海市文化和旅游局作为联盟的发起单位,牵头完成《长三角生态绿色一体化发展示范区文化和旅游专项规划》编制,联合成立长三角旅游推广联盟,共同举办2020年上海旅游节、上海市民文化节长三角主题活动等10项活动,取得明显成效。②

2021年4月12日至13日,2021年长三角区域创新体系建设联席会议办公室第一次会议在浙江省杭州市召开,长三角三省一市科技部门的分管领导出席会议,科技部战略规划司及沪苏浙皖相关处室负责人参加会议。会议回顾和总结了2020年长三角科创共同体的工作进展,举行了轮值交接,研究协商了区域协作相关事宜,为全年区域协作重点工作落实奠定了良好基础。会议研究并原则通过了《2021年度长三角科技专题

---

① 《长三角地区合作与发展联席会议召开》,载安徽省发展和改革委员会网,http://fzggw.ah. gov.cn/jgsz/jgcs/zsjqyythfzc/gzdt/146397541.html,2022年7月1日最后访问。

② 《服务新发展格局率先激活长三角文旅市场》,载上海市文化和文旅局、上海市广播电视局、上海市文物局网,http://whlyj.sh.gov.cn/wlyw/20210316/b677e66f02154df885a1a8bb075d046f. html,2022年7月1日最后访问。

组工作要点》,并就高质量发展先行区打造、联合攻关路径实施、国际开放协同创新、科技成果转化交易、科技专家信息共享等议题开展了讨论研究,原则上达成了一致意见。①

2021 年 4 月 23 日,为了共同推动长三角地区人社一体化发展,强化"十四五"规划编制协同,长三角地区人社一体化发展联席会议暨长三角"十四五"人社规划编制研讨会在江苏省苏州市吴江区举行。会议着重审议了长三角人社一体化发展 2021 年工作要点,围绕长三角一体化三年行动计划讨论有关人社一体化工作设想。2021 年,三省一市人社系统将围绕深化就业创业服务协作、推动社会保险公共服务一体化、创新人才交流合作机制、共同维护劳动者权益、支持一体化示范区建设等方面,扎实推进人社一体化发展。②

2021 年 5 月 20 日,由最高人民法院牵头,召开了人民法院服务保障长三角一体化发展第一次联席会议。最高人民法院副院长高憬宏在会上说,深入贯彻党中央关于推进长三角一体化发展的重大决策部署,总结工作成绩和交流经验,研究部署全面推进智慧法院建设和执行工作"一体化"的具体举措,为推动长三角一体化发展提供更加有力的司法服务和保障。上海市、江苏省、浙江省、安徽省四地高级人民法院共同签署了《长三角地区法院执行工作"一体化"备忘录》。③

2021 年 11 月 3 日至 4 日,长三角市场监管联席会议在江苏省扬州市召开。会议回顾总结了近三年来市场监管一体化合作的成果,通报了

---

① 《2021 年长三角区域创新体系建设联席会议办公室第一次会议在杭召开》,载长三角科技资源共享服务平台网,https://www.csjpt.cn/policyAdvice/details/6be29f77cc344cd2b45646a4d2ba05a5,2022 年 7 月 1 日最后访问。

② 《长三角地区人社一体化发展联席会议在吴江举行》,载吴江新闻网,https://www.wjdaily.com/news/287869,2022 年 7 月 1 日最后访问。

③ 《司法服务同标准 公平正义无差别——人民法院全面服务保障长三角一体化发展综述(上)》,载中国法院网,https://www.chinacourt.org/article/detail/2021/05/id/6068387.shtml,2022 年 7 月 1 日最后访问。

2021年工作进展情况,审议了《长三角市场监管一体化发展"十四五"规划》。三省一市市场监管局围绕加强反垄断执法协作、强化反不正当竞争执法联动、推进平台经济协同监管、共创放心消费环境等4个方面进行了经验交流,签署了市场监管领域法治建设一体化合作、加强价格监管协作、加强反不正当竞争协作、加强平台经济数字化协同监管、特种设备安全监管一体化、协同推进检验检测机构行政处罚裁量基准一体化等6个合作协议,上海市、南京市、杭州市、扬州市、镇江市、绍兴市、安庆市、亳州市的市场监管局共同签署了《长三角历史文化名城标准化合作协议》。会上,还举行了长三角市场主体基础数据平台开通仪式。①

2021年12月17日,2021年长三角合作与发展联席办第二次会议以视频形式召开。三省一市联席办主任、15个专题合作组负责同志在各自视频会场出席会议。安徽省发展改革委副主任、联席办主任曹发义出席会议并讲话,长三角处(皖沪处)及皖苏、皖浙合作联络处负责同志参加会议。会上,15个专题合作组负责同志汇报了各合作组2021年主要工作开展情况和2022年工作安排;三省一市联席办主任介绍了2021年长三角一体化发展总体情况及主要领导座谈会、主要负责同志视频会议议定事项推进情况。会议深入研究了2021年第二次长三角地区合作与发展联席会议、专题合作组轮值等事项,认真讨论了2022年度长三角地区主要领导座谈会的主题、议题,并紧扣"三大使命、七项任务",共同谋划2022年度加快推进长三角一体化发展的重点工作。②

(2)重点专题组

交通专题合作组。2021年5月11日,长三角地区三省一市交通运输部

---

① 《2021年长三角市场监管联席会议在扬州召开》,载江苏省市场监督管理局网,http://scjgj.jiangsu.gov.cn/art/2021/11/4/art_70154_10097778.html,2022年7月1日最后访问。

② 《省发展改革委出席2021年长三角合作与发展联席办第二次会议》,载安徽省发展和改革委员会网,http://fzggw.ah.gov.cn/ywdt/ztzl/zsjythzhxxglfwpt/dtzx/146288661.html,2022年7月1日最后访问。

门主要负责人座谈会在江苏省南京市召开，会议审议通过了"长三角一体化发展交通专题合作组 2021 年工作要点"，共 7 个方面 24 项具体工作，涉及协同完善交通运输重点领域制度规则和重大政策沟通协调机制，共同推进轨道上的长三角建设，推进世界级机场群和世界级港口群建设，加快打通省际待贯通公路，加强交通运输同城化待遇合作，探索智慧交通建设试点，狠抓污染防治问题整改，等等。上海市交通委介绍了《长三角生态绿色一体化发展示范区综合交通专项规划》的编制情况和核心内容，该规划作为一体化示范区空间规划"1＋6"体系中的 6 个专项之一，已与示范区国土空间总体规划及其他专项规划全面对接、同步更新，目前该规划成果已纳入示范区国土空间规划。①

食品安全区域合作专题组。2021 年 6 月 16 日，2021 年长三角食品安全区域合作专题组联络员会议在江苏省常州市召开。江苏省食品安全委员会办公室副主任、江苏省市场监管局一级巡视员王越出席会议并讲话。会议审议了《2021 年长三角食品安全区域合作计划》，讨论了长三角食品安全追溯体系建设推进情况及存在的问题，交流了在长三角地区可复制推广的食品安全监管工作亮点、成效。同时还对推进重点区域农产品追溯有关提案进行了商讨。②

能源专题合作组。2021 年 7 月 30 日，为认真贯彻落实 2021 年长三角地区主要领导座谈会精神及长三角区域合作办公室《关于优化调整重点专题合作组轮值机制的通知》等要求，安徽省能源局牵头召开了长三角能源专题合作组线上工作协调会，研究讨论能源专题合作机制，调度年度能源专题合作进展，巩固提升能源专题合作成效。上海市发展改革委和江苏省、浙江

---

① 《长三角三省一市商定 2021 交通一体化发展要点》，载人民网，http://ah.people.com.cn/n2/2021/0512/c358314-34720878.html，2022 年 7 月 1 日最后访问。

② 《2021 年长三角食品安全区域合作专题组联络员会议在常州召开》，载江苏省市场监督管理局网，http://scjgj.jiangsu.gov.cn/art/2021/6/21/art_70154_9855241.html，2022 年 7 月 1 日最后访问。

省、安徽省三省能源局能源合作牵头处室主要负责人和联络员参加了会议。会上,三省一市分别交流上半年推进区域能源专题合作进展情况、亮点成效及下一步重点工作打算;讨论完善《长三角能源专题合作组工作规则》。浙江省能源局代表浙江省做交流发言,明确下一步将围绕合力加强区域能源保障支撑,合力做好区域能源发展谋划,合力推进区域能源重大项目建设,合力深化能源领域多边交流合作等方面贡献浙江省能源力量,全面深化长三角能源合作工作,积极助推长三角一体化发展。①

信息化专题组。2021 年 4 月 29 日,浙江省经济和信息化厅印发了《长三角区域一体化发展信息化专题组 2021 年工作计划》。② 2021 年 8 月 3 日,为认真贯彻落实长三角区域一体化发展国家战略及 2021 年度长三角地区主要领导座谈会精神,进一步做好信息化专题组工作,经充分征求意见,浙江省经信厅印发《长三角区域一体化发展信息化专题组三年行动计划(2021—2023 年)》及重点工作清单。③

信用体系专题组。2021 年 4 月 29 日,长三角区域信用体系专题组第三十三次例会在江苏省扬州市召开。三省一市信用办、公共信用信息中心相关负责同志,生态环境、旅游、食品、药品、产品质量等重点合作领域牵头方相关部门负责人,长三角生态绿色一体化示范区执委会职能部门负责人,上海市青浦区、苏州市吴江区、嘉兴市嘉善县发展改革委(局)相关负责人,以及扬州市发展改革委(信用办)负责人等 40 多人参加了会议。会上,三省一市信用主管部门交流了信用合作推进情况、社会信用体系建设特色亮点和

---

① 《长三角能源专题合作组召开线上工作协调会》,载浙江省发展和改革委员会网,http://fzggw.zj.gov.cn/art/2021/8/4/art_1620992_58930160.html,2022 年 7 月 1 日最后访问。

② 《浙江省经济和信息化厅关于印发长三角区域一体化发展信息化专题组 2021 年工作计划的通知》,载浙江省人民政府网,http://www.zj.gov.cn/art/2021/12/21/art_1229596145_2389510.html,2022 年 7 月 1 日最后访问。

③ 《浙江省经济和信息化厅关于印发〈长三角区域一体化发展信息化专题组三年行动计划(2021—2023 年)〉及重点工作清单的通知》(浙经信云计算〔2021〕121 号),载浙江省经济和信息化厅网,http://jxt.zj.gov.cn/art/2021/12/21/art_1229123405_2382656.html,2022 年 7 月 1 日最后访问。

下一步打算。5 个重点领域合作工作牵头方介绍了工作推进情况。长三角生态绿色一体化示范区执委会、上海市青浦区发展改革委、江苏省苏州市吴江区发展改革委、浙江省嘉善县发展改革局分别介绍了信用合作工作推进情况。会议对《诚信长三角　赋能高质量——2021 长三角（南京江北新区）信用高峰论坛方案》进行了研究讨论，会议审议通过了《2021 年长三角区域信用合作重点工作计划》《长三角旅行社综合信用评价指引（2021 版）》等文件。[①]

生态环境保护协作组。2021 年 10 月 27 日，长三角区域生态环境保护协作小组办公室在上海市召开第一次会议。会议强调，要准确认清长三角区域生态环境保护面临的形势，充分发挥长三角区域生态环境保护协作机制作用，保持合作力度、延伸合作深度、拓宽合作广度，突出精准、科学、依法治污，聚焦重点问题、重点领域，强化跨界水体治理，推动减污降碳协同增效，持续推进长三角地区生态环境共保联治。[②]

（三）长三角区域合作办公室

长三角区域合作办公室的主要职责是研究拟订长三角协同发展战略规划，以及体制机制和重大政策建议，协调推进区域合作中的重要事项和重大项目，统筹管理长三角合作与发展共同促进基金、中国长三角网等。

2021 年 7 月 20 日，长三角区域合作办社会发展组组长、浙江省发展改革委成本调查监审局副局长王勇珍带队赴长三角新型城镇化建设专委会进行调研座谈，了解专委会在智能规划领域的科研进展及发展需求。长三角

---

① 《长三角区域信用体系专题组第三十三次例会在扬州召开》，载信用江苏网，http://credit. jiangsu. gov. cn/art/2021/4/30/art_78399_9775813. html，2022 年 7 月 1 日最后访问。

② 《长三角区域生态环境保护协作小组办公室第一次会议在上海召开》，载中华人民共和国生态环境部网，http://www. mee. gov. cn/ywdt/hjywnews/202110/t20211028_958236. shtml，2022 年 7 月 1 日最后访问。

区域合作办下设 10 个专委会和 8 个专业联盟,本次深入调研了解到智能规划的发展方向,规划已不局限于城市,而是把城市当成生命体。长三角区域合作办要进一步发挥市场的力量,推进社会服务类、产业服务类项目,与专委会一起促进长三角区域发展。①

---

① 《长三角区域合作办一行赴长三角新型城镇化建设专委会调研座谈》,载同济大学建筑与城市规划学院网,https://news-caup. tongji. edu. cn/f2/43/c10923a193091/page. htm,2022 年 7 月 1 日最后访问。

四、长三角法治发展中的权力机关

(一)长三角人大合(协)作机制

1. 长三角地区人大常委会主任座谈会

2021年7月13日至14日,长三角地区三省一市人大常委会主任座谈会在安徽省合肥市召开。会议通过了《2021年度长三角地区人大常委会协作重点工作计划》。关于立法协同,将推进数据协同立法,推进长江船舶污染防治协同立法,联合开展传染病防治立法调研,继续推进已有项目协同立法;关于联动监督,将强化携手建设绿色美丽长三角的法治保障,促进持续夯实一体化高质量发展基础,协同推进大数据政务平台跨省通办;关于代表工作互动,将联合开展以长江"十年禁渔"行动情况为主题的专题调研,组织以区域内"满意消费长三角"行动情况为主题的代表联合视察,协同开展三省一市人大代表专题培训。①

2. 长三角地区人大专门委员会合(协)作

2021年5月17日至18日,长三角三省一市人大农业与农村工作座谈会在江苏省苏州市召开,浙江省人大常委会副主任史济锡出席会议并做发

---

① 《关于2021年度长三角地区人大常委会协作重点,这个会议明确了!》,载江苏省人民代表大会常务委员会网,http://www.jsrd.gov.cn/tszs/csjxz/202107/t20210722_530906.shtml,2022年7月1日最后访问。

言。会议深入贯彻习近平总书记关于长三角一体化发展的重要指示,积极落实长三角地区人大农业农村工作协调机制,三省一市人大围绕发挥人大农委职能作用,推动"十四五"乡村振兴战略深入实施,以及2021年重点工作和创新打算进行了深入的交流研讨。会议还安排考察了苏州市吴江区现代农业产业园、吴中区现代渔业产业园、太湖现代农业管理服务中心、柳舍村及苏州乡村振兴学堂等。①

2021年6月1日至2日,据沪苏浙两省一市人大常委会《关于促进和保障长三角生态绿色一体化发展示范区建设若干问题的决定》(下称《决定》)执法检查工作方案和视频启动会议部署,浙江省人大常委会副主任赵光君带队赴示范区执委会,与上海市、江苏省人大常委会联动开展《决定》执法检查,强调要深入贯彻落实习近平总书记关于长三角一体化发展的重要讲话和指示精神,紧扣"一体化"和"高质量"两个关键,聚焦"一极三区一高地"战略定位,切实抓好《决定》贯彻实施,努力将示范区建设成为引领长三角和全国高质量发展的标杆和样板。②

2021年6月16日至17日,长三角地区人大监察司法工作协作会在浙江省义乌市召开。浙江省人大常委会副主任赵光君强调,长三角地区在诉源治理方面各具特色、优势明显,要进一步强化省级对接,加快资源整合,开展风险共治,率先构建科学合理、覆盖全面、运转有效的基层治理体系。监察司法委要立足法定职能、主动靠前履职、加强沟通衔接,积极开展公共安全、社会治理、矛盾调处、风险防范等领域的立法交流互鉴,围绕完善执法司法监督制约体系,加强上下连接、纵横贯通、内外联动,以制定"八五"普法决议为契机推动社会大普法格局建设,以数字化改革为牵引拓展

---

① 《史济锡出席长三角"三省一市"人大农业与农村工作座谈会》,载中国·浙江人大网,https://www.zjrd.gov.cn/rdyw/202105/t20210519_91465.html,2022年7月1日最后访问。

② 《赵光君赴长三角生态绿色一体化发展示范区开展联合执法检查》,载中国·浙江人大网,https://www.zjrd.gov.cn/rdyw/202106/t20210603_91546.html,2022年7月1日最后访问。

战略视野、转换思维方式、科学素养和执行能力,更好地服务长三角地区社会治理先行示范。①

2021年6月29日,长三角地区三省一市人大常委会秘书长座谈会以视频会议形式召开,三省一市人大常委会秘书长出席会议,江苏省人大常委会秘书长陈蒙蒙在会上做交流发言。会上对《2021年度长三角地区三省一市人大常委会协作重点工作建议方案(草案)》及召开长三角地区三省一市人大常委会主任座谈会建议方案进行了讨论。②

2021年7月13日至14日,长三角地区三省一市人大民宗侨外工作联席会议在浙江省湖州市召开。三省一市人大民宗侨外(相关)委员会负责同志参加会议并签署备忘录。2019年,三省一市人大在上海市签署了《深化长三角地区人大民宗侨台外工作协作机制的协议》,通过了《长三角地区人大民宗侨台外联合调研工作机制》,并到昆山市就海外高层次人才和台湾同胞投资权益保护开展联合调研。这些举措,都为共同推进三省一市人大民宗侨台外工作,融入长三角一体化建设做出了贡献。③

2021年9月15日至16日,长三角地区人大代表工作协作交流会在安徽省绩溪县召开。会议围绕完善代表联系群众平台建设、推动代表为民办实事、提高代表建议工作质量、做好县乡人大换届选举工作等方面进行了交流,商讨确定了2021年三省一市部分全国人大代表开展联合调研、联合视察活动及协同举办人大代表培训班的方案。④

---

① 《长三角地区人大监察司法工作协作会议在义乌召开》,载中国・浙江人大网,https://www.zjrd.gov.cn/rdyw/202106/t20210618_91621.html,2022年7月1日最后访问。

② 《长三角地区三省一市人大常委会秘书长座谈会召开》,载江苏省人民代表大会常务委员会网,http://www.jsrd.gov.cn/tszs/csjxz/202106/t20210629_530516.shtml,2022年7月1日最后访问。

③ 《长三角地区人大民宗侨外工作联席会议在湖州召开》,载中国・浙江人大网,https://www.zjrd.gov.cn/rdyw/202107/t20210714_91724.html,2022年7月1日最后访问。

④ 《长三角地区人大代表工作协作交流会在绩溪召开》,载安徽人大网,http://www.ahrd.gov.cn/article.jsp?strId=92119213b3044908a38e125934559537&strColId=2cec8ad434f2405e8086-d16765a3b46d&strWebSiteId=1448865560847002&,2022年7月1日最后访问。

2021年10月11日至12日,长三角地区三省一市人大城建环资工作协作座谈会在浙江省湖州市召开。江苏省人大常委会副主任曲福田参加会议并讲话。会上,三省一市人大城建环资委负责同志分别介绍了推进水环境治理的有关工作情况,签署了《长三角地区三省一市人大城建环资工作协作座谈会备忘录》。与会人员还实地考察了湖州市水环境治理、古镇保护等有关情况。①

2021年10月13日至14日,长三角地区三省一市人大财经工作座谈会在浙江省湖州市召开。会议强调,长三角三省一市人大财经机构要在坚持常态化互动的基础上,不断深化财经工作座谈会协作共商、合力推进的平台作用。加强立法规划、计划、法律法规起草、研究论证等环节的衔接沟通与合作,开展一体化立法。共同加强一体化发展重点领域的法律监督和工作监督,通过高质量的联动监督,合力推进贯彻落实中央和国家重大决策部署。共同向上积极争取全国人大常委会及全国人大财经委对长三角地区人大财经工作的指导和支持,为推动长三角地区更高质量一体化发展和人大制度与时俱进做出应有的贡献。②

2021年11月2日至3日,2021年度长三角地区三省一市人大社会建设工作座谈会在江苏省昆山市召开。会议强调,长三角一体化发展的时代机遇,赋予了地方人大工作新的使命。长三角地区三省一市人大社会建设工作应当坚持以人民为中心的发展思想,坚持问题导向、目标导向和结果导向,履行法定职能,在立法协同上走深走实,在决定事项上对标对表,在监督联动上精准精细,在代表互动上多样多元,为长三角地区应急救援一体化发

---

① 《长三角地区三省一市人大城建环资工作协作座谈会在浙江召开》,载江苏省人民代表大会常务委员会网,http://www.jsrd.gov.cn/tszs/csjxz/202110/t20211013_532445.shtml,2022年7月1日最后访问。

② 《长三角地区人大财经工作座谈会在湖州召开》,载安徽人大网,http://www.ahrd.gov.cn/article.jsp?strId=686b28f0741547a6b4e42152b2d836cc&strColId=2cec8ad434f2405e8086d16765a-3b46d&strWebSiteId=1448865560847002&,2022年7月1日最后访问。

展提供有力的法治保障。会上，三省一市人大社会建设委签订了关于发挥人大职能作用加强长三角地区应急救援工作协同的倡议书。[①]

3. 省级以下人大合（协）作

2021 年 7 月 6 日，绍兴市人大常委会牢牢把握长三角一体化发展国家战略机遇，全面贯彻落实市委"融杭联甬接沪"决策部署，顺利与上海市浦东新区人大达成区域合作交流机制，成功探索地级市人大助推长三角一体化发展的新路径。一是建立"长效机制"。促成两地人大建立了每年定期合作交流的长效机制，通过经常性、深层次的互访交流，搭建起稳定良好的合作交流平台，共同为助推长三角一体化发展贡献人大智慧和力量。二是开展"协作交流"。两地人大将围绕助推长三角一体化发展的主题，在重大项目合作、产业招商推介、主任联席会议、干部学习培训、代表履职活动、课题项目交流六大方面建立协作交流合作，充分发挥人大制度优势，以实质性的举措共同助推长三角一体化发展。三是实施"项目合作"。根据两地合作交流机制内容，双方将在助推长三角一体化发展的大背景下，重点围绕各自的亮点和已完成的创新工作，找准合作交流切入口，实现精准发力。[②]

4. 长三角一体化法治研究院

2021 年 6 月 26 日由华东师范大学企业合规研究中心主办，汇业律师事务所、华东师范大学长三角一体化法治研究院、"大夏合规"项目组协办的"合规不起诉改革与第三方监督评估机制"研讨会在华东师范大学举行。来自最高人民检察院、国家检察官学院，上海市、江苏省、浙江省、山东省开

---

① 《长三角地区人大社会建设工作座谈会在昆山召开》，载江苏省人民代表大会常务委员会网，http://www.jsrd.gov.cn/tszs/csjxz/202111/t20211103_532891.shtml，2022 年 7 月 1 日最后访问。
② 《绍兴市人大探索助推长三角一体化发展新路径》，载中国·浙江人大网，https://www.zjrd.gov.cn/sxrd/sxs/202107/t20210706_91688.html，2022 年 7 月 1 日最后访问。

展企业合规试点的检察院,有关政府部门、企业、律所等合规管理领域的100多名专家学者出席了会议,分享他们丰富的前沿理论研究成果与实践经验。①

2021年10月20日,华东师范大学长三角一体化法治研究院发布了"长三角城市法治指数",旨在通过长三角地区城市之间的相互比较,清楚各城市法治建设的水平和等级,为确立下一步法治建设的目标和任务提供准确的信息依据和参考方向。城市法治指数设定了9个一级指标,包括依法治市、科学立法、严格执法、公正司法、全民普法守法、阳光政府、社会治理、营商环境、法律服务。等级为优秀的,分别是上海市、宁波市、嘉兴市、杭州市、常州市、南通市、无锡市、泰州市、南京市、温州市等10个城市。其中,上海市和宁波市评级为A级,其余城市评级均为A—。②

2021年11月12日,华东师范大学长三角一体化法治研究院正式发布《长江三角洲城市法治指数测评蓝皮书》,全面总结了长三角27个城市法治建设水平综合测评的结果。蓝皮书显示,27个城市的法治指数测评总分平均值为75.11,其中各有10个城市获得优秀和良好等级,其中上海市和宁波市评级为A,剩下7个城市获得合格等级,没有城市被评为不合格。该结果显示出长三角地区法治水平总体良好,且各个城市之间的法治建设水平差距并不明显,然而27个城市无一达到A+评级,说明每个城市的法治建设工作都存在一定短板。③

---

① 《媒体关注|"合规不起诉改革与第三方监督评估机制"研讨会在华东师大举办》,载华东师范大学网,https://www.ecnu.edu.cn/info/1095/54847.htm,2022年7月1日最后访问。

② 《华东师大长三角一体化法治研究院发布"长三角城市法治指数",为确立法治建设目标提供信息依据》,载华东师范大学网,https://www.ecnu.edu.cn/info/1095/58473.htm,2022年7月1日最后访问。

③ 《长江三角洲城市法治指数测评蓝皮书发布》,载华东师范大学网,https://www.ecnu.edu.cn/info/1095/58736.htm,2022年7月1日最后访问。

(二)长三角人大协同立法

1.长江"十年禁渔"长三角人大协同立法

2020年12月24日至25日,长江"十年禁渔"长三角地区三省一市人大联动监督、协同立法座谈会在上海市召开,沪苏浙皖三省一市人大共同商定,由上海市人大常委会牵头,长三角地区长江流域禁捕采用法规性决定的方式,争取在2021年第一季度出台。浙江省人大常委会、安徽省人大常委会分别通过促进和保障长江流域禁捕工作的相关决定。为了体现长三角三省一市立法的协同性,决定实施时间统一为2021年4月1日。①

2021年10月26日至29日,长三角三省一市部分全国人大代表围绕长江流域禁捕执法监管情况,在苏皖两省开展联合调研。本次调研是三省一市人大常委会落实长三角地区一体化发展协作交流机制,按照《2021年度长三角地区人大常委会协作重点工作计划》安排,围绕《关于促进和保障长江流域禁捕工作若干问题的决定》开展的一项年度重点工作。代表们先后到江苏省南京市及安徽省马鞍山市实地调研,并在当涂县召开座谈会,听取长三角区域合作办公室、苏皖两省农业农村厅及有关单位进行情况汇报。代表们建议,要进一步提高政治站位,加大宣传力度,狠抓工作落实,坚决打赢打好"十年禁渔"持久战;进一步探索建立多部门禁渔执法长效机制,完善联席会议、联动执法、信息共享等协作机制,实现对禁捕水域监管全覆盖;进一步加大禁捕保障投入力度,最大限度地保障退捕渔民的合法利益和生产生活;进一步落实和完善长江大保护的各项规划和举措,加快

---

① 《长三角协同立法促进保障长江流域禁捕》,载中华人民共和国中央人民政府网,http://www.gov.cn/xinwen/2021-03/28/content_5596289.htm,2022年7月1日最后访问。

渔业转型升级,开展长江重要物种保护和渔业资源养护工作,推进长江水生生物多样性恢复。①

2.长三角区域铁路安全管理立法协同

2021年10月15日,为了加强长三角区域立法协同,提高铁路安全管理立法质量,江苏省人大法制委主任委员王腊生在江苏省南京市主持召开了长三角区域铁路安全管理立法协同座谈会。铁路安全管理立法是2021年长三角区域立法协同项目之一,上海市已经制定出台了铁路安全管理条例,浙江省已将铁路安全管理立法纳入人大立法规划,《安徽省铁路安全管理条例(草案)》已进行初次审议。本次区域立法协同座谈会,就有关协作事项进行交流研讨,并达成共识。②

---

① 《长三角地区三省一市部分全国人大代表开展联合调研》,载江苏省人民代表大会常务委员会网,http://www.jsrd.gov.cn/tszs/csjxz/202110/t20211029_532823.shtml,2022年7月1日最后访问。

② 《长三角区域铁路安全管理立法协同座谈会在宁召开》,载江苏省人民代表大会常务委员会网,http://www.jsrd.gov.cn/bmzy/bm_fzwyh/bm_fzw_dt/202110/t20211015_532475.shtml,2022年1月1日最后访问。

五、长三角法治发展中的法治政府

(一)长三角一体化发展中的政府间协议

1.信用体系建设

在《长三角生态绿色一体化发展示范区总体方案》中,信用体系建设是重要的试点内容之一,也是进行长三角信用体系建设整体谋划的创新尝试。"十四五"期间,长三角社会信用体系建设应进一步加强协同,从而推动"信用长三角"建设。目前长三角三省一市主要信用法律法规包括《上海市社会信用条例》《江苏省公共信用信息管理办法(试行)》《浙江省公共信用信息管理条例》和《安徽省公共信用信息征集共享使用暂行办法》等。①

2021年7月1日,为进一步深化"十四五"长三角区域信用体系合作与发展,加深区域内信息共享、监管共为、市场共育、规制共建、品牌共铸,更好地营造区域诚信市场环境,不断增强区域凝聚力和竞争力,实现长三角区域信用高质量一体化发展目标,江苏省、上海市、浙江省、安徽省信用办联合印发了《2021年长三角区域信用合作工作计划》。三省一市共同探索建立统一的长三角药品、化妆品生产企业和零售药店信用等级评价标准,推动三省一

---

① 《推动"信用长三角"建设,亟须加强这个体系协同发展》,载上观网,https://web.shobserver.com/news/detail? id=324568,2022年7月1日最后访问。

市药品领域信用信息共享和互认严重失信主体名单,并制定印发《长三角区域药品安全领域信用联动奖惩合作备忘录》。①

2022 年 1 月 24 日,长三角区域信用一体化发展正不断加速。杭州市发展改革委与安徽省阜阳市、六安市、宿州市、亳州市、黄山市、马鞍山市等六市发展改革委在线签订战略合作协议,将在社会信用体系建设领域开展跨区域交流合作。据了解,此次两省七地合作将主要以"优势互补、务实高效、合作共赢、共同发展"为基本原则,依托合作区域内公共信用信息管理平台和数据归集成果,推进"十四五"时期长三角地区城市间社会信用体系建设跨区域互动交流,深化信用信息共享、监管共治、规则共建、品牌共铸等方面的沟通合作,努力成为长三角地区信用规范建设、联合激励惩戒、优化信用环境的合作样板。具体来看,七地将建立公共信用信息共享互认机制、创新守信联合激励合作应用场景、探索跨区域信用联合惩戒方式路径和开展跨区域信用宣传活动。②

2. 市场监管合作

2021 年 3 月 12 日,浙江省、江苏省、安徽省和上海市三省一市的 20 个市(区、县)消费者权益保护机构在浙江省宁波市签署《关于建立长三角地区进口商品放心消费维权协作机制的合作协议》,今后长三角地区的消费者在选购进口商品遭遇问题时,维权将更加便捷,渠道将更加畅通。根据协议,长三角各地消保机构将同步建立信息通报、联合约谈调处、双向移送等 8 项工作机制。例如构建消费预警信息通报机制,进口商品源头地消费者权益保

---

① 《2021 年长三角区域信用合作工作计划明确》,载江苏省发展和改革委员会网,http://fzg-gw.jiangsu.gov.cn/art/2021/7/1/art_285_9867134.html,2022 年 7 月 1 日最后访问。

② 《杭州与安徽六市签订战略合作协议加快推动长三角区域信用一体化发展》,载中华人民共和国国家发展和改革委员会网,https://www.ndrc.gov.cn/fggz/dqjj/zdzl/202201/t20220124_1313101.html? code=&state=123,2022 年 7 月 1 日最后访问。

护机构对发现的相关消费风险,第一时间向辐射地消费者权益保护机构通报相关预警信息,畅通风险信息交流共享渠道,联合防控进口商品消费风险。①

2021年4月15日至16日,"满意消费长三角"行动专项工作组会议暨美丽乡村放心消费创建启动仪式在江苏省宜兴市举办。会上正式启动了长三角地区美丽乡村放心消费创建行动。该项行动以提升美丽乡村放心消费创建工作覆盖面、经营者诚信守法意识、商品和服务质量、消费维权保障能力、美丽乡村放心消费创建活动的社会认同感等为目标,明确了以农村农产品、农资品牌、旅游、食品药品、服务行业、价格领域、知识产权、电子商务等13个领域行业为重点开展放心消费创建。力争通过开展创建活动,至2025年,长三角区域内农村市场秩序更加规范,消费环境更加和谐,诚信体系更加完善,培育并形成一批放心消费创建先进示范企业、行业、区域。②

2021年5月20日至21日,为贯彻落实《长三角地区市场体系一体化建设合作备忘录》部署要求,推动长三角地区认证监管一体化发展,长三角认证监管一体化工作研讨会在江苏省扬州市召开。长三角三省一市市场监管局认证监管部门主要负责人及相关工作人员参会。会上,围绕《长三角地区认证行业发展白皮书》、有机产品认证"五统一"监督检查、推进内外销产品"同线同标同质"、绿色认证一体化建设、小微企业质量管理体系认证提升行动等5个合作事项,相关牵头单位分别做了详细的工作介绍和经验分享,与会人员进行了广泛地交流和研讨,并提出了针对性意见建议。③

2021年6月24日至25日,长三角三省一市市场监管部门在上海市浦东新区联合举行"满意消费长三角"行动专项工作组会议暨长三角消费纠纷

---

① 《长三角建立进口商品放心消费跨区域协作机制》,载中华人民共和国中央人民政府网,http://www.gov.cn/xinwen/2021-03/12/content_5592647.htm,2022年7月1日最后访问。

② 《"满意消费长三角"行动专项工作组会议暨美丽乡村放心消费创建启动仪式在江苏宜兴举行》,载江苏省市场监督管理局网,http://scjgj.jiangsu.gov.cn/art/2021/4/16/art_70154_9756168.html,2022年7月1日最后访问。

③ 《长三角认证监管一体化工作研讨会在江苏召开》,载江苏省市场监督管理局网,http://scjgj.jiangsu.gov.cn/art/2021/5/21/art_70154_9823025.html,2022年7月1日最后访问。

多元化解协作行动启动仪式。会议发布了"满意消费长三角"行动"八个一"成果。浦东新区司法局,浦东新区、闵行区、南京市、杭州市、合肥市市场监管局就消费争议多元化解协作行动交流了经验。九市一区市场监管部门共同签署了《消费者权益保护一体化建设合作备忘录》。会议正式启动了长三角消费纠纷多元化解协作行动,建立完善消费纠纷多元化解机制,满足消费纠纷多元化解、快速化解和有效化解的实际需求,为长三角地区广大消费者提供多层次、多途径、低成本、高效率的消费纠纷解决渠道。①

2021年7月26日,长三角广告监管与发展一体化工作研讨会在上海市召开,会议决定建立长三角地区广告监管和发展一体化工作联席会议制度,明确将进一步加强长三角地区市场监管部门在广告监管执法和指导发展等工作方面的联动。会上,沪苏浙皖三省一市市场监管局共同签署了《长三角地区广告监管、发展一体化工作合作备忘录》,不断深化和推进广告审查联管、广告执法联动、广告发展互融和广告监测互通,共同维护长三角地区广告市场秩序规范,推动长三角地区广告行业高质量发展。②

2021年9月23日至24日,长三角三省一市市场监管部门在安徽省金寨县举行"满意消费长三角"行动专项工作组会议暨长三角地区共同开展放心消费行业创建行动启动仪式。市场监管总局执法稽查局稽查专员李玉家,上海市市场监管局一级巡视员胡浩,江苏省市场监管局一级巡视员王俊胜,浙江省市场监管局一级巡视员纪圣麟,安徽省市场监管局副局长张志宏,六安市委常委、副市长束学龙出席会议。会议发出共同开展放心消费行业创建行动的倡议,三省一市餐饮行业协会、电子电器行业协会、物业管理协会、家庭服务行业协会、老字号企业协会代表共同签署协同推进放心消费

---

① 《长三角三省一市举行"满意消费长三角"行动专项工作组会议暨长三角消费纠纷多元化解工作行动启动仪式》,载江苏省市场监督管理局网,http://scjgj.jiangsu.gov.cn/art/2021/6/25/art_70154_9860116.html,2022年7月1日最后访问。

② 《长三角广告监管与发展工作研讨会召开》,载江苏省市场监督管理局网,http://scjgj.jiangsu.gov.cn/art/2021/7/26/art_70154_9949003.html,2022年7月1日最后访问。

创建合作备忘录。会议审议了《长三角地区共同开展放心消费行业创建行动实施意见》,部署"满意消费长三角"行动下一阶段工作。①

2021年10月28日至29日,第三届长三角地区市场监管执法协作会议在江苏省苏州市召开。会议集中发布了2021年度长三角市场监管联动执法十二大典型案例,强调要共同构建市场监管区域执法协作的先行示范,在队伍培训、实践教学、案例交流、技能比赛等方面密切合作,共同提升长三角市场监管部门整体的执法办案能力,逐步构建起统一、权威、高效的执法协作机制,将长三角打造为全国市场监管区域执法协作的示范区,定期形成一批可复制、可推广、可借鉴的成功经验。②

2021年11月3日至4日,长三角市场监管联席会议在江苏省扬州市召开。会议审议了《长三角市场监管一体化发展"十四五"规划》。三省一市市场监管局围绕加强反垄断执法协作、强化反不正当竞争执法联动、推进平台经济协同监管、共创放心消费环境等4个方面进行了经验交流,签署了市场监管领域法治建设一体化合作、加强价格监管协作、加强反不正当竞争协作、加强平台经济数字化协同监管、特种设备安全监管一体化、协同推进检验检测机构行政处罚裁量基准一体化等6个合作协议,上海市、南京市、杭州市、扬州市、镇江市、绍兴市、安庆市、亳州市的市场监管局共同签署了长三角历史文化名城标准化合作协议。会上,还举行了长三角市场主体基础数据平台开通仪式。③

2021年11月17日,上海市、江苏省、浙江省、安徽省市场监管局共同出台《关于开展长三角市场监督管理信用承诺管理工作的意见》,联手建立标

---

① 《【我为群众办实事】长三角地区共同开展放心消费行业创建行动》,载江苏省市场监督管理局网,http://scjgj. jiangsu. gov. cn/art/2021/9/27/art_70154_10029164. html,2022年7月1日最后访问。

② 《第三届长三角地区市场监管执法协作会议在苏州召开》,载江苏省市场监督管理局网,http://scjgj. jiangsu. gov. cn/art/2021/11/1/art_70154_10092882. html,2022年7月1日最后访问。

③ 《2021年长三角市场监管联席会议在扬州召开》,载江苏省市场监督管理局网,http://scjgj. jiangsu. gov. cn/art/2021/11/4/art_70154_10097778. html,2022年7月1日最后访问。

准统一、流程一致、各司其职、运转顺畅的信用承诺管理制度,堵住监管漏洞,强化"承诺后监管"。根据该意见,市场监管部门将与其他政府部门共享市场主体违诺失信信息,实施信用约束的联动机制。长三角地区市场监管部门将通力协作,建立市场主体不实承诺失信信息互认共享机制,共同约束市场主体不实承诺失信行为。[①]

2021 年 12 月 13 日,长三角市场监管法制协作座谈会在江苏省镇江市召开。长三角三省一市市场监管部门法制机构负责同志及相关业务骨干参会。与会人员围绕 3 项议题展开深入交流和讨论。一是通过交叉评审、系统外专家评审等方式对长三角市场监管系统法治理论课题研究成果进行评审,巩固理论研究基础。二是结合新《中华人民共和国行政处罚法》,对江苏省市场监管领域轻微违法行为免罚轻罚规定(征求意见稿)提出意见,进一步规范市场监管领域轻微违法行为处罚裁量基准。三是结合复议体制改革,就新时代如何有效化解行政争议、稳步推进行政复议应诉工作进行专题研讨。本次会议既是 2021 年工作的总结会,也是 2022 年工作的畅谈会。三省一市市场监管部门法制机构负责同志就 2022 年工作思路也进行了交流,为下一步如何做好做强法制工作提出了意见建议。[②]

3. 生态环境领域合作

2021 年 3 月 31 日,上海市、江苏省、浙江省、安徽省四地林业部门在浙江省杭州市发布《长三角湿地保护一体化行动联合宣言》,提出充分利用长三角一体化发展国家战略政策优势,共同推进湿地生态系统保护,打造长三角湿地保护建设先行示范区。该宣言要求,扩大重要湿地面积,丰富湿地生

---

① 《【我为群众办实事】长三角市场监管部门启动信用承诺闭环管理强化"承诺后监管"》,载江苏省市场监督管理局网,http://scjgj. jiangsu. gov. cn/art/2021/11/17/art_70154_10116092. html,2022 年 7 月 1 日最后访问。

② 《长三角市场监管法制协作座谈会在镇江召开》,载江苏省市场监督管理局网,http://scjgj. jiangsu. gov. cn/art/2021/12/13/art_70154_10190421. html,2022 年 7 月 1 日最后访问。

物多样性,提升湿地公园建设水平,提高湿地质量和稳定性,加强湿地碳汇能力研究。加强三省一市湿地生态旅游资源共享,加大长三角湿地生态旅游宣传推介。以一体化思路和举措,建立长三角湿地保护修复工作部门定期会商制度。①

2021 年 5 月 26 日,作为在江苏省无锡市举行的 2021 年度长三角地区主要领导座谈会的重要内容,长三角三省一市以"云开工"方式,共同启动太湖及水环境综合治理领域 9 个重大项目建设。②

2021 年 5 月 27 日下午,长三角区域生态环境保护协作小组第一次会议在江苏省无锡市召开。会前,上海市、江苏省、浙江省、安徽省人民政府签署了《长三角区域碳普惠机制联动建设工作备忘录》和《长三角区域固体废物和危险废物联防联治合作协议》,上海市、江苏省、浙江省、安徽省环保产业协会及南京市、杭州市、宁波市、无锡市和苏州市环保产业协会签署了长三角区域环保产业协会联席会议备忘录。③

2021 年 6 月 13 日,52 家企业、协会、智库共同发起成立长三角生态绿色一体化发展示范区绿色低碳发展行动共同体,致力于探索政府、企业和社会组织共同参与的多元治理新格局。共同体发起成员包含民营企业、国有金融机构、外资金融机构、公益团体、高校科研院所等,将基于长三角一体化示范区总体设计方案及政策指导,以完善行业绿色标准为引导,定期组织成员开展论坛、成果发布、项目对接等活动。共同体成立当天,发布了 90 个行动计划,其中项目类 26 项、课题类 25 项、标准类 8 项、活动类 31 项,包括成立

---

① 《沪苏浙皖四地林业部门推进长三角湿地保护》,载安徽省发展和改革委员会网,http://fzggw.ah.gov.cn/jgsz/jgcs/zsjqyythfzc/gzdt/145706071.html,2022 年 7 月 1 日最后访问。

② 《长三角三省一市启动太湖及水环境综合治理重大项目建设》,载中华人民共和国生态环境部网,http://www.mee.gov.cn/ywdt/dfnews/202105/t20210527_834697.shtml,2022 年 7 月 1 日最后访问。

③ 《长三角区域生态环境保护协作小组会议召开》,载江苏省地方金融监督管理局、江苏省人民政府金融工作办公室网,http://jsjrb.jiangsu.gov.cn/art/2021/5/29/art_79444_9831368.html,2022 年 7 月 1 日最后访问。

绿色产业投资基金、开展长三角生态绿色一体化发展示范区环境可持续性评价与居民福祉调研等。①

2021年10月15日,在中国·合肥苗木花卉交易大会开幕式上,沪苏浙皖三省一市的林业部门举行了"长三角共建林长制改革示范区"签约和三省一市苗木花卉协会"长三角苗木花卉产业合作联盟"签约,三省一市共同建设长三角区域林长制改革示范区。②

2021年10月12日,浙江省生态环境厅、上海市生态环境局、江苏省生态环境厅、长三角生态绿色一体化发展示范区执行委员会联合发布了《关于深化长三角生态绿色一体化发展示范区环评制度改革的指导意见(试行)》。该指导意见旨在突出示范区落实长三角一体化发展国家战略先手棋和突破口作用,按照拉长长板、贡献长板的要求,在示范区率先探索区域一体化制度创新,系统集成和推行两省一市环评改革举措,充分发挥环评制度源头防控作用,持续提升环评制度效能,在进一步坚守示范区生态环境安全底线、助推环境质量持续改善的同时,形成可复制、可推广的引领性制度范例,更好地示范引领长三角更高质量一体化发展。改革范围包括上海市青浦区、江苏省苏州市吴江区、浙江省嘉兴市嘉善县,即示范区两区一县共约2413平方千米范围。③

4.行政执法合作

2021年4月20日,上海市、江苏省、浙江省三地城市管理部门齐聚上海市青浦区朱家角,召开沪苏浙省际毗邻区域共同管辖执法协作会议。根据

① 《长三角成立绿色低碳发展行动共同体》,载中华人民共和国中央人民政府网,http://www.gov.cn/xinwen/2021—06/13/content_5617482.htm,2022年7月1日最后访问。

② 《安徽日报|共建长三角区域林长制改革示范区》,载安徽省林业局网,https://lyj.ah.gov.cn/ztzl/mtkly/40480439.html,2022年7月1日最后访问。

③ 《浙江省生态环境厅等关于深化长三角生态绿色一体化发展示范区环评制度改革的指导意见(试行)》,载浙江省人民政府网,http://www.zj.gov.cn/art/2021/10/15/art_1229596145_23761-95.html,2022年7月1日最后访问。

议程安排,上海市崇明区、宝山区、嘉定区、青浦区、金山区 5 个区与江苏省苏州市、南通市及浙江省嘉兴市共同签署《长三角沪苏浙省际毗邻区域城市管理综合行政执法共同管辖协作框架协议(2021—2023)》。省际毗邻区域分组签订《毗邻区域共同管辖执法协议》。根据协议,省际毗邻交界区域的城管执法部门将开展双向执法管理工作,推动建成多层次、常态化跨区域协作体系。①

2020 年 6 月,在前期充分调研、沟通协调、广泛听取意见基础上,上海市城管执法部门联合苏浙皖三省城市管理执法主管部门制定《城市管理综合执法协作三年行动计划(2021—2023)》《城市管理综合行政执法协作清单》等制度性文件。同年 7 月 24 日,首次"长江三角洲区域一体化城市管理综合行政执法协作机制会议"召开,三省一市城市管理执法主管部门共同签署《长三角区域一体化城市管理综合行政执法协作机制》,59 个地级市(区)城管执法部门签订《城管执法部门共建协议》,实现了推动长三角区域城管执法深度合作的关键一步。

2021 年 6 月 3 日,上海市、江苏省、浙江省、安徽省三省一市在上海市举办深化长三角地区禁毒工作合作签约暨长三角"禁毒先锋"评选活动颁奖仪式,沪苏浙皖三省一市禁毒委签订深化长三角地区禁毒工作合作框架协议书。这一战略合作,将进一步发挥长三角一体化的区域优势和制度优势,在缉毒执法、禁吸戒毒、毒品预防宣传、禁毒研究等禁毒工作方面凝聚合力,搭建方位更加全面、层次更加丰富、领域更加宽广的区域禁毒工作一体化格局,进一步推进长三角地区社会治理体系现代化。②

2021 年 8 月 31 日,沪苏浙毗邻区域五区三市城管执法部门联合发布

---

① 《市城管局参加沪苏浙省际毗邻区域共同管辖执法协作会议》,载太仓市人民政府网,http://www.taicang.gov.cn/taicang/cxjshglzdsx/202104/fdf0cd035a7041d1a57aa9080a989261.shtml,2022 年 7 月 1 日最后访问。

② 《沪苏浙皖签订深化长三角禁毒工作合作框架协议并成功举办"禁毒先锋"评选活动》,载搜狐网,https://www.sohu.com/a/470307228_362042,2022 年 7 月 1 日最后访问。

《上海、江苏、浙江加强毗邻区域城管执法领域联合执法工作的实施意见》，进一步明确毗邻区域基层中队日常巡查对共同管辖区域主动延伸覆盖、每月开展不少于 1 次联合执法检查，区级城管部门每季度开展联合执法整治，定期开展区域会商机制，省级城管执法主管部门每半年召开毗邻区域协作会议，实现毗邻区域城管执法协作精耕细作。①

自接轨上海市工作开展以来，浙江省平湖市就积极探索与上海市金山区城市管理执法局建立平湖—金山毗邻区域城市管理和综合执法协作机制。一是立柱架梁阶段。推进张江长三角科技城平湖园的园区管理联合执法工作，建立枫泾镇—新埭镇—平湖市综合执法局"三方协作"联席会议，促进了协商沟通，建立三方协商机制，共同研究如何应对毗邻区域城市管理执法领域所呈现的新动向和新形势，通过协作机制解决毗邻区域城市管理执法领域的各类难题。金山区、平湖市两地城市管理综合行政执法部门已举行协作共建签约仪式，两地将进一步加强沟通和联系，建立定期交流、互联互通机制，通过双向交流、参观学习等方式提升双方人才素质，优化两地执法队伍形象。二是磨合合作阶段。两地主要负责人为协作共建机制"第一牵头人"，按照平等协商、共同决策原则，商定日常协作重要事项，双方各指定一名联络员负责日常联系和工作安排、落实。日常重点围绕跨区域倾倒建筑垃圾与工程渣土、露天焚烧有毒有害垃圾等违法行为，开展联动联勤执法检查，共同打击跨区域违法行为，提升执法合力。同时根据对方协查要求，按照执法程序，做好调查取证等案件协查工作，并将协查情况，以及有关材料及时反馈给对方部门。搭建两地执法数据互通平台，对线索、取证、信用惩戒等信息逐步实现共享共用。双方已开展执法观摩。②

---

① 《【世界城市日】"部市共建超大城市精细化建设和治理中国典范"系列报道之十八》，载建设招标网，https://www.jszhaobiao.com/projectinfo-detail-189427715.html，2022 年 7 月 1 日最后访问。

② 《浙沪两地唱好"双城记"共同推进长三角执法一体化发展》，载浙江省住房和城乡建设厅网，http://jst.zj.gov.cn/art/2021/11/8/art_1569972_58928048.html，2022 年 7 月 1 日最后访问。

5.发展改革委合作

2021 年 3 月 27 日至 28 日,2021 年长三角地区发展改革委(长三角办)主任工作座谈会第一次会议在江苏省常州市召开。长三角区域合作办公室主任、上海市发展改革委主任华源,江苏省发展改革委主任李侃桢、浙江省发展改革委主任孟刚、安徽省发展改革委主任张天培出席会议并讲话。三省一市发展改革委分管主任(联席办主任)及长三角处主要负责同志等参加会议。会议听取了长三角区域合作办公室关于《长三角地区一体化发展三年行动计划(2021—2023 年)》及重点合作事项清单编制情况、江苏省联席办关于 2021 年长三角地区主要领导座谈会建议方案的汇报,并进行了交流讨论,审议通过了长三角地区发展改革委(长三角办)主任定期协商机制。[①]

2021 年 11 月 28 日,2021 年长三角地区发展改革委(长三角办)主任工作座谈会第二次会议以视频形式召开。三省一市发展改革委主任、分管主任分别在各自视频会场出席会议。安徽省发展改革委党组书记张天培主持会议并讲话,党组成员、副主任曹发义参加会议并做汇报发言,长三角处(皖沪处)及皖苏、皖浙合作联络处负责同志参会。会议指出,要深入贯彻习近平总书记关于扎实推进长三角一体化发展提出的"三大使命、七项任务",认真落实三省一市主要领导议定事项、24 个重点协同深化事项。要协同做好 2021 年度第二次长三角地区合作与发展联席会议筹备工作。要加强下一步工作的提前谋划,共同推进一批跨区域、跨领域的重大事项和重大项目,力争在 2022 年度长三角地区主要领导座谈会前形成一批显示度高的亮点成果。[②]

---

① 《2021 年长三角地区发展改革委(长三角办)主任工作座谈会第一次会议在江苏省常州市召开》,载江苏省发展和改革委员会网,http://fzggw.jiangsu.gov.cn/art/2021/3/29/art_282_9717834.html,2022 年 7 月 1 日最后访问。

② 《2021 年长三角地区发展改革委(长三角办)主任工作座谈会第二次会议召开》,载安徽省发展和改革委员会网,http://fzggw.ah.gov.cn/jgsz/jgcs/zsjqyyfhzc/gzdt/146247581.html,2022 年 7 月 1 日最后访问。

6.政法系统、司法部门合作

(1)政务系统合作

2021年1月26日,由上海市黄浦区、苏州市姑苏区、常州市天宁区共同举办的"长三角政务服务'一网通办'互通共融启动仪式"在三地分会场同时成功举行。在启动仪式现场,苏州市姑苏区行政审批局与上海市黄浦区行政服务中心签署《长三角一体化"一网通办"政务服务互通共融合作协议》,在设置通办窗口、建立授权信任机制、智能终端互通、开展政务服务信用+合作等8个方面达成一致。协议明确,双方将围绕公安、医疗、社保、企业服务等重点领域进行事项梳理,在跨区域政务服务数据资源互通等重点项目上加紧逐步突破,力求以点带面持续加快一体化进程。①

在2021年5月27日举行的第三届长三角一体化发展高层论坛上,长三角"一网通办"政务服务地图正式上线,区域内居民迎来更多"同城服务"。据介绍,长三角"一网通办"政务服务地图汇聚了沪苏浙皖三省一市各类政务服务场所、服务事项、数据资源,同时覆盖区域6.9万余个线下大厅。会上,四地还签署了《长三角地区电子证照互认应用合作共识》,具体内容包括:创新电子证照亮证解码融合,用户通过各自的政务服务App,能够实现使用电子身份证入住宾馆,电子驾驶证、行驶证、交通运输证等可路面扫码核验;搭建统一照片库,区域内居民可以一次拍照、多次复印使用。此外,四地还统一了公积金购房提取业务标准,推动跨省户口迁移、医保关系转移接续,实现异地就医门诊费用直接结算等。②

2021年6月2日,为进一步深化"放管服"改革,着力解决企业和群众

---

① 《长三角政务服务"一网通办"互通共融启动仪式正式举行》,载江苏省政务服务管理办公室网,http://jszwb.jiangsu.gov.cn/art/2021/1/27/art_19420_9656268.html,2022年7月1日最后访问。

② 《41城全覆盖 长三角"一网通办"实现"一张地图管全域"》,载中华人民共和国中央人民政府网,http://www.gov.cn/xinwen/2021—05/28/content_5613341.htm,2022年7月1日最后访问。

跨省办事难、办事不便利等问题，全力推动政务服务"跨省通办"，苏皖两省的浦口区、南谯区、和县、全椒县、来安县五县区在南京市浦口区签订政务服务"跨省通办"合作协议。近年来，苏皖五县区加强"跨省通办"项目协调对接工作，立足便民利己的总目标，从企业和群众办事的现实需求出发，注重建立高效的工作体系，加强交流学习，加强相互借鉴，积极深化合作，探索"跨省通办""一网通办"新模式，推进政务服务标准化建设，更好地服务企业和群众，让企业和社会群众切实感受改革成果，享受改革带来的红利。①

（2）司法部门合作

2021年6月1日，由安徽省司法厅牵头，长三角各省（市）司法行政、市场监管、数据资源和政务服务主管部门等12家单位联合签发《关于长三角地区律师执业证电子证照互认应用的通知》，标志着长三角地区律师执业证电子证照互认应用工作正式开展。长三角地区律师只需通过手机上的相关App进行律师执业证电子亮证，即可在长三角地区跨省查询企业登记档案信息，实现实体证照免带免交。②

2021年7月16日至17日，第五届长三角律师行业合作发展论坛在上海市举行。在此次论坛上，沪苏浙皖三省一市律师行业党委书记共同签署了《长江三角洲区域律师行业党建联盟协议》。这份协议紧扣"一体化"和"高质量"两个关键词，推动组织共建、队伍共育、资源共享，共创共建长三角律师行业党建活动品牌。此外还联合签署了《长江三角洲区域律师业一体化发展工作会议纪要（2021版）》，揭牌成立"长三角一体化律师行业联络办公室"和"长三角律师行业发展研究中心"，共同启动"长三角域外法律查明

---

① 《苏皖五县区签订政务服务"跨省通办"合作协议》，载安徽省发展和改革委员会网，http://fzggw.ah.gov.cn/jgsz/jgcs/zsjqyythfzc/gzdt/145818101.html，2022年7月1日最后访问。

② 《长三角地区律师"电子亮证"即可跨省查询企业登记档案信息》，载中华人民共和国中央人民政府网，http://www.gov.cn/xinwen/2021-06-01/content_5614682.htm，2022年7月1日最后访问。

和跨境法律服务平台"。①

2021 年 12 月 23 日,上海市、江苏省、浙江省、安徽省三省一市司法厅(局)以视频连线形式召开了长三角区域政府协同立法研讨会,共同探讨省际政府协同立法工作。会上,4 家单位共同签署了《长江三角洲三省一市司法厅(局)区域协同立法合作框架协议》,明确了长三角政府协同立法的基本原则、合作重点、组织保障等事项。根据框架协议,三省一市司法厅(局)将加强政府立法协作,以长三角区域一体化发展国家战略实施为契机,建立完备、高效、便捷的长三角区域协同立法合作机制,推动重点区域、重点领域跨区域立法研究,促进资源要素有序自由流动,达到更高水平协同开放,充分发挥协同立法对区域经济社会发展的引领、推动、规范、保障作用。据悉,《长江三角洲区域一体化发展规划纲要》和《法治政府建设实施纲要(2021—2025 年)》都明确提出,要推进区域协同立法,为区域一体化发展提供强有力的法治保障。会议同时发布了包含 40 名专家的"长三角政府协同立法专家库",后续这些专家将深入参与三省一市政府协同立法项目,充分发挥智库作用。②

7.知识产权领域合作

2021 年 3 月 25 日,长三角生态绿色一体化发展示范区执委会会同沪苏浙两省一市相关部门发布文件,推出知识产权保护先行先试若干举措,以期更好地激发区域创新发展动能。据悉,若干举措聚焦跨区域知识产权严保护、同保护等环节,在推进知识产权联合保护、加强知识产权服务资源共享流动、推进知识产权管理服务一体化、强化知识产权保护一体化制度保障等

---

① 《长三角律师行业走向更高质量合作发展——汇聚行业资源护航"平安长三角""法治长三角"建设》,载中华人民共和国司法部网,http://www.moj.gov.cn/pub/sfbgw/fzgz/fzgzggflfwx/fzgzlsgz/202108/t20210813_434518.html,2022 年 7 月 1 日最后访问。

② 《长三角三省一市签署首份政府协同立法协议》,载安徽省发展和改革委员会网,http://fzggw.ah.gov.cn/jgsz/jgcs/zsjqyythfzc/wgqklj/146397641.html,2022 年 7 月 1 日最后访问。

4 个方面,提出 16 条具体的先行先试举措。例如,明确要发挥知识产权行业组织作用,强化知识产权审查协作中心溢出效应;要求建立知识产权创造行政审批"绿色通道";建立跨区域"行刑衔接"机制和知识产权纠纷多元调解机制;等等。①

2021 年 4 月 25 日,长三角知识产权运营服务体系建设重点城市联盟在上海市成立,通过信息共通、发展共谋、机制共建、资源共用、成果共享,打破城市行政区划的边界,打造长三角知识产权运营协作联合体。据介绍,2017年,财政部、国家知识产权局启动了国家知识产权运营服务体系建设重点城市项目。截至目前,长三角地区共有上海市浦东新区、徐汇区,江苏省南京市、无锡市、苏州市,浙江省杭州市、宁波市、台州市,安徽省合肥市 9 个城市(区)成功创建。在上海市徐汇区的牵头推动下,此次成立了长三角知识产权运营服务体系建设重点城市联盟,共同签订了知识产权发展与保护的相关合作备忘录。该联盟将会以"长三角区域率先形成知识产权发展与保护高地"为目标,从建设长三角运营服务体系、形成长三角保护工作体系、建立长三角合作保障机制等方面开展合作。②

2021 年 10 月 21 日,"长三角 G60 科创走廊知识产权行政保护协作中心"在上海市松江区揭牌成立。作为全国首个跨区域知识产权行政保护协作中心,其将重点开展跨区域知识产权联合行政执法、重点商标保护名单交换互认、电子商务领域知识产权监管协作、建立知识产权执法保护人才库等工作。长三角 G60 科创走廊沿线地区包括上海市松江区,江苏省苏州市,浙江省嘉兴市、杭州市、金华市、湖州市和安徽省宣城市、芜湖市、合肥市。2001 年至 2020 年,九地发明专利授权量、有效发明专利拥有量、满 10 年有

---

① 《沪苏浙打造跨域知识产权保护"长三角样本"》,载中华人民共和国中央人民政府网,http://www.gov.cn/xinwen/2021-03/25/content_5595667.htm,2022 年 7 月 1 日最后访问。

② 《长三角知识产权运营服务体系建设重点城市联盟在沪成立》,载中华人民共和国中央人民政府网,http://www.gov.cn/xinwen/2021-04/26/content_5602478.htm,2022 年 7 月 1 日最后访问。

效专利拥有量分别占同期长三角三省一市总量的 33.47％、34.80％、29.61％。同日,九地知识产权局负责人共同签署了《长三角 G60 科创走廊知识产权一体化发展合作协议》,确定了开展知识产权行政执法协作、建立知识产权统计分析制度、加强知识产权转化和运用、推动知识产权服务业规范发展和培养壮大专业人才队伍等合作事项。[①]

8.教育领域合作

2021 年 5 月 18 日,上海市高度关注长三角高校就业工作一体化进程。在市委领导下,上海市教委以建设区域高校就业协作新机制为目标,指导上海市学生事务中心主动与苏浙皖三省高校就业指导部门进行对接,成立长三角地区高校毕业生就业联盟,并设立"长三角高校毕业生就业论坛"作为常态化会晤平台,从政策设计、信息互联、活动共办 3 个方面深入推动长三角区域就业工作纵深发展,推进三省一市就业工作部门共建共享、协同联动。联盟将进一步发挥平台优势和政府职能优势,从职业发展指导、创业就业教育、就业市场开拓、就业质量提升等层面探索就业指导、就业服务一体化路径,推动就业服务数字化、一体化转型,多措并举强化三省一市高校就业工作部门常态化联系,力争实现资源共享、平台互联、项目互通,全方位助力长三角地区一体化、高质量发展。[②]

2021 年 5 月 12 日,上海市普陀区、江苏省苏州市、浙江省嘉兴市、安徽省芜湖市长三角四地教育联盟工作交流会在嘉兴市召开,共谋长三角教育一体化发展大计。为合力打造长三角四地教育发展共同体,会议发布了四地教育联盟工作机制,签订关于建立健全四地教育联盟工作制度和机制的

---

① 《长三角 G60 科创走廊知识产权行政保护协作中心成立》,载中华人民共和国中央人民政府网,http://www.gov.cn/xinwen/2021-10/21/content_5644107.htm,2022 年 7 月 1 日最后访问。

② 《握指成拳促就业上海积极推动长三角高校就业工作一体化》,载上海教育网,http://edu.sh.gov.cn/xwzx_bsxw/20210518/521d0cf3f01544f0b57d8f3ac7d87168.html,2022 年 7 月 1 日最后访问。

协议;发布 2021 年四地教育联盟项目,由四地教育局局长依次解读牵头重点项目;发布 2021 年四地教育联盟工作要点,重点任务包括共同开展庆祝建党百年活动、共同推进教育改革、共享特色办学经验、共建产教融合联盟平台、共推教学研究等。[①]

2021 年 5 月 16 日,新时代教育对外开放机制创新暨长三角地区高层次人才培养研讨会在江苏省苏州市相城区举行。活动现场,"苏州暨长三角地区高层次人才培育研究基地"落地,中国教育发展战略学会国际教育专业委员会举行了签约及授牌仪式。[②]

2021 年 5 月 17 日至 18 日,长三角教育评价城市联盟成立仪式暨 2021 专题研讨会在浙江省杭州市举行。来自联盟成员单位的代表签署了《长三角教育评价城市联盟章程》。据悉,长三角基于大数据的区域评价变革论坛,是由上海市教委立项的探索长三角区域一体化教育领域新机制试验项目的重要组成部分,由上海市闵行区教育局主办。上海市(闵行区)、南京市、苏州市、杭州市、宁波市、温州市、台州市、合肥市、安庆市等 9 个城市为联盟成员单位。[③]

2021 年 5 月 21 日,《关于做好 2021 年长三角生态绿色一体化发展示范区中高职衔接教育(五年制高等职业教育)跨省招生工作的通知》(下称《通知》)发布。根据《通知》,浙江省、上海市、江苏市共有 6 所中等职业学校面向示范区学生跨省招生。根据《通知》,2021 年,上海市青浦区、江苏省苏州市吴江区、浙江省嘉善县教育局各指定辖区内 2 所中等职业学校,挑选"3+2"、

---

① 《2021 年长三角四地教育联盟工作交流会召开》,载苏州市教育局网,http://jyj. suzhou. gov. cn/szjyj/jyyw/202105/dc818eeb6b5642059636732468fb47be. shtml,2022 年 7 月 1 日最后访问。

② 《新时代教育对外开放机制创新暨长三角地区高层次人才培养研讨会在相城举行》,载苏州市教育局网,http://jyj. suzhou. gov. cn/szjyj/qyjg/202105/f32005d4f1764de0ae0591f990d0a6e6. shtml,2022 年 7 月 1 日最后访问。

③ 《安庆市加入长三角教育评价城市联盟》,载中共安徽省委教育工委、安徽省教育厅网,http://jyt. ah. gov. cn/ztzl/xxxcqgzjyjydhjsjzyjyhdzzl/gzdt/40432332. html,2022 年 7 月 1 日最后访问。

"3＋3"、五年一贯制优势专业,面向示范区初中毕业生跨省招生 255 人。①

2021 年 5 月 24 日上午,长三角一体化发展示范区职业教育活动周启动仪式在世界 500 强企业江苏恒力集团举行。江苏省苏州市吴江区、上海市青浦区、浙江省嘉善县三地的职校同行、学生济济一堂,展示职业教育成果,对接项目,推动三地职业教育的互联互通与共享共用,促进长三角一体化职业教育的创新发展。2019 年,国务院印发《国家职业教育改革实施方案》,2020 年,吴江区、青浦区、嘉善县三地教育系统多次进行调研、交流,在专业遴选、招生等方面协调沟通,最终形成《长三角生态绿色一体化发展示范区职业教育一体化平台建设方案》。根据方案要求,由吴江区教育局牵头完成示范区职业教育一体化招生工作,促成示范区三地六校拿出了各自的优势特色专业面向示范区跨区域招生。②

2021 年 9 月 10 日,根据《上海市教育委员会 江苏省教育厅 浙江省教育厅 安徽省教育厅关于开展 2021 年长三角中小学名校长联合培训工作的通知》,在各市、县(市、区)教育局推荐的基础上,经各省(市)教育行政部门同意,共确定 2021 年长三角中小学名校长联合培训人选 119 人。③

2021 年 12 月 26 日至 27 日,长三角现代产业学院建设高峰论坛暨长三角现代产业学院协同育人联盟成立大会在江苏省常州市举行。三省一市发起成立长三角现代产业学院协同育人联盟,首批加入联盟的有长三角区域 90 余所本科高校。26 日,联盟成立预备会议对联盟组织机构、联盟标识及联盟宣言进行了充分讨论。联盟发展要做到"三个聚焦",即聚焦产业发展

---

① 《浙江日报:长三角一体化发展示范区启动跨省招生》,载浙江省教育厅网,http://jyt.zj. gov.cn/art/2021/5/24/art_1532836_58917587.html,2022 年 7 月 1 日最后访问。

② 《长三角一体化示范区职业教育活动周启动》,载苏州市教育局网,http://jyj.suzhou.gov. cn/szjyj/tpxwlm/202105/90265c5e6f984ee193f2d43803062f46.shtml,2022 年 7 月 1 日最后访问。

③ 《上海市教育委员会江苏省教育厅浙江省教育厅安徽省教育厅关于公布 2021 年长三角中小学名校长联合培训人选的通知》(沪教委人〔2021〕43 号),载上海教育网,http://edu.sh.gov. cn/xxgk2_zdgz_jsgz_05/20210908/ae8abe0362684fb29e26002072202cdc.html,2022 年 7 月 1 日最后访问。

急需,全力打造产业转型升级助推器;聚焦一流人才培养,全力共建区域人才培养共同体;聚焦区域合作共赢,全力推动产教协同育人一体化。①

9.信息化领域合作

2021年3月17日,长三角工业互联网标识一体化建设研讨会在上海市成功举办。本次会议由上海市通信管理局、江苏省通信管理局、浙江省通信管理局、安徽省通信管理局联合主办,中国信息通信研究院承办。会议聚焦工业互联网长三角区域一体化发展大局,旨在加强工业互联网标识解析国家顶级节点区域协同,共同探讨标识解析体系长三角发展创新模式。相关单位还签署了长三角共建标识数据资源一体化发展战略合作框架协议。根据协议,多家长三角代表企业将在中国信通院工业互联网与物联网研究所的支撑下,打造长三角标识数据资源合作体系,挖掘并发挥标识数据的价值,在全国率先建成区域性标识数据产业生态;通过标识数据驱动,促进长三角乃至长江经济带的产业转型升级,推动数字经济和实体经济融通发展。②

2021年4月14日,长三角机器人产业链协同工作推进会在上海市召开,上海市经济和信息化委员会副主任张建明,普陀区人民政府党组成员徐树杰,上海电器科学研究所(集团)有限公司党委书记陈平,以及长三角区域合作办公室、江苏省工业和信息化厅、浙江省经济和信息化厅、安徽省经济和信息化厅有关负责同志出席。长三角机器人产业平台创新联盟及三省一市产业链上下游重点企业参加。会上还举行了机器人零部件与整机企业深

---

① 《长三角现代产业学院建设高峰论坛暨长三角现代产业学院协同育人联盟成立大会在常州举行》,载江苏省教育厅网,http://jyt.jiangsu.gov.cn/art/2021/12/29/art_57807_10238779.html,2022年7月1日最后访问。

② 《长三角省市推进工业互联网一体化建设》,载中华人民共和国中央人民政府网,http://www.gov.cn/xinwen/2021-03/18/content_5593730.htm,2022年7月1日最后访问。

化合作签约仪式,发布了长三角机器人产业协同发展倡议。①

2021 年 5 月 26 日至 27 日,2021 年长三角地区主要领导座谈会在江苏省无锡市举办。其间,召开了长三角地区合作与发展联席会议、第三届长三角一体化发展高层论坛等系列重要会议活动。联席会议期间,在三省一市常务副省(市)长的见证下,上海市经信委主任吴金城、江苏省工信厅厅长谢志成、浙江省经信厅厅长徐旭、安徽省经信厅厅长牛弩韬共同签署《联合开展产业链补链固链强链行动合作协议》。三省一市工信部门将共同实施长三角产业协同强链行动,联合推进长三角制造业协同发展,联合培育世界级先进制造业集群,联合支持重点领域产业链联盟发展,联合促进产业链数字化智能化转型,联合建设产业链发展载体,联合开展产业链关键核心技术攻关,联合拓展产业强链研究工作,联合做强产业链交流对接活动平台,以此全面提升长三角产业链供应链稳定性和竞争力。②

2021 年 6 月 17 日,由工业和信息化部、安徽省人民政府共同主办的 2021 世界显示产业大会在安徽省合肥市开幕。工信部电子信息司司长乔跃山、江苏省工信厅副厅长池宇,以及安徽省经信厅、浙江省经信厅和上海市经信委等长三角三省一市工信部门领导出席开幕式及签约仪式。会上,一批长三角新型显示产业合作项目集中签约,总投资 30 亿元。本届世界显示产业大会以"显示世界 看见未来"为主题,发布了推动新型显示产业链与汽车行业供应链合作共赢的《合肥宣言》,其间,还举行了主论坛、6 场分论坛、创新成果展示、成果发布及参观交流等一系列活动。③

2022 年 1 月 16 日下午,"长三角数字干线"建设启动会在长三角金融

---

① 《长三角机器人产业链协同工作推进会召开》,载上海市经济和信息化委员会网,http://sheitc.sh.gov.cn/zxxx/20210415/e4246bd3044140ac84cc9defcfa73a49.html,2022 年 7 月 1 日最后访问。

② 《谢志成厅长参加长三角地区主要领导座谈会有关会议活动》,载江苏省工业和信息化厅网,http://gxt.jiangsu.gov.cn/art/2021/5/28/art_6280_9830839.html,2022 年 1 月 1 日最后访问。

③ 《池宇副厅长出席长三角新型显示产业合作项目签约仪式》,载浙江省工业和信息化厅网,http://gxt.jiangsu.gov.cn/art/2021/6/18/art_6280_9852334.html,2022 年 7 月 1 日最后访问。

产业园召开。上海市经信委主任吴金城出席会议并讲话，青浦区区委书记徐建、区长杨小菁，上海市发展改革委副主任阮青，上海市商务委副主任周岚，以及青浦区四套班子相关领导等出席。在本次启动会上，青浦区发布了《长三角数字干线发展规划纲要》《长三角数字干线青浦区行动方案（2022 年—2023 年）》等相关纲领性文件，进行了长三角数字干线合伙人行动等一批重点工程的签约。①

10.金融领域合作

2021 年 5 月 11 日至 12 日，长三角地区三省一市金融委局机关党建工作交流研讨会在上海市召开。会议期间，三省一市金融委局机关党委围绕研讨会主题进行了深入研讨交流，并联合签署《长三角地区三省一市金融委局机关党建工作合作备忘录》。会议明确下一步将以交流研讨为方式，推动机关党建工作高质量发展；以青年干部学习培训为重点，推动高素质专业化机关干部队伍建设；以课题研究为突破口，推动中心工作创新发展；以信息沟通为载体，推动各项工作取长补短、比学赶超。②

2021 年 10 月 21 日至 22 日，2021 年长三角地方金融监管局局长圆桌会议在江苏省苏州市召开。本次会议以"绿色金融赋能长三角"为主题，三省一市地方金融监管局（金融办）负责人围绕服务实体经济、深化金融改革、防控金融风险等做了深入探讨，共话区域金融改革合作之果，共议区域金融协同发展之策，共谋区域金融风险防范之计。会上，三省一市共同签署了《金融助力长三角达成"双碳"目标合作备忘录》。③

---

① 《以数字蝶变引发新城蝶变、水乡蝶变——"长三角数字干线"建设启动会召开》，载上海市经济和信息化委员会网，http://sheitc.sh.gov.cn/zxxx/20220118/4be0f02cb6ce468193f705c6a2c20-4d9.html，2022 年 7 月 1 日最后访问。

② 《长三角地区三省一市金融委局机关党建工作研讨交流会在上海召开》，载安徽省地方金融监管局网，http://ahjr.ah.gov.cn/xwzx/sjdt/8469728.html，2022 年 7 月 1 日最后访问。

③ 《何毅局长参加 2021 年长三角地方金融监管局局长圆桌会议》，载安徽省地方金融监管局网，http://ahjr.ah.gov.cn/public/6595751/8478567.html，2022 年 7 月 1 日最后访问。

11.交通领域合作

2021年5月11日,长三角地区三省一市交通运输部门主要负责人座谈会在江苏省南京市召开,三省一市交通运输部门主要负责人共同签署了《长三角地区交通运输信用一体化合作协议》《长三角公路水路省际通道中长期规划建设合作协议》和《长三角智慧高速公路建设战略合作协议》等3项合作协议,并与上海组合港管委会签订了《长三角船舶和港口污染防治协同治理战略合作协议》。① 根据《长三角船舶和港口污染防治协同治理战略合作协议》,各方将在严格源头管控、推进船舶生活污水零排放、开展船舶污染物接收能力评估、加强船舶污染物接收管理、加强污染防治执法监管、加快岸电及清洁能源推广使用、加快实现全过程电子联单管理、推进船舶港口"信用+监管"新型监管模式、加强对长江流域危险化学品运输的管控等方面深化合作,按照依法依规、改革创新、协同共治的基本原则,巩固长江经济带船舶和港口污染突出问题整治工作成效,全面提升船舶和港口污染防治能力,到2025年长三角基本建成信息互通、监管互动、资源共享的船舶和港口污染防治协同治理机制。②

2021年7月19日,安徽省滁州市交通运输综合行政执法支队与江苏省南京市交通运输综合行政执法监督局在南京市联合签署《南京都市圈交通运输综合执法一体化发展"宁滁合作"协议》,助力区域一体化高质量发展,打造交通运输共治示范样板。此次合作整合执法资源,共享执法经验,落实交通运输事中事后监管,改善交通运输市场环境。其重点覆盖道路运输执法、水上联合执法等,运用"智慧执法+信用监管"方式,创新构建联席共商、

---

① 《长三角三省一市商定2021交通一体化发展要点》,载人民网,http://js.people.com.cn/n2/2021/0512/c360302-34720257.html,2022年7月1日最后访问。

② 《长三角交通部门协同推进船舶和港口污染防治》,载人民资讯公众号,https://baijiahao.baidu.com/s? id=1699510397819514281&wfr=spider&for=pc,2022年7月1日最后访问。

节点共连、信用共认、数据共享、监督共促、评估共赢等"六共"合作机制,利用互联网、大数据等先进技术手段,实现信息实时互通、形势即时研判、行动快速反应、信用联合约束,形成情报、指挥、行动、闭环一体化。①

2021年8月26日,长三角生态绿色一体化发展示范区嘉善片区系列重点规划,已经浙江省人民政府同意,由浙江省发展改革委印发。编制规划的过程主要考虑3个方面。一是集思广益,充分发挥专业力量;二是多规合一,充分衔接规划体系;三是区域一体,充分协同周边地区。②

2021年9月23日上午,沪苏浙三地交通执法部门联合上海市青浦区、江苏省苏州市吴江区、浙江省嘉善县三地公安机关共同签署了《长三角省际水路联合查控协作协议书》,长三角省际水路联合查控机制落定。与此同时,各相关单位在上海市青浦区太浦河水域开展了水路联合整治行动。累计出动执法人员70人次,执法船艇12艘次,检查内河运输船舶29艘次,查处违法案件6起。下一步,长三角各单位将进一步整合多方执法力量,充分发挥"1+1>2"的执法效应,全力守护长三角经济带的碧水蓝天。③

2021年9月24日,长三角地区三省一市交通运输部门分管负责人座谈会在江苏省徐州市召开。通过本次会议,三省一市在共同签署长三角区域省际断头路合作协议(2021—2023年)、共同发布长三角一体化发展战略实施三周年来交通运输一体化发展成果、联合制订推动长三角地区交通运输现代化建设的行动纲领等方面取得广泛共识,为11月召开长三角地区三省一市交通运输部门主要负责人座谈会奠定了良好的基础。④

---

① 《运用"信用执法+信用监管"方式推动两市交通运输综合执法一体化发展》,载安徽省交通运输厅网,https://jtt.ah.gov.cn/ztzl/xyjtahz/gzdt/120479811.html,2022年7月1日最后访问。

② 《〈长三角生态绿色一体化发展示范区嘉善片区综合交通规划〉发布》,浙江省交通运输厅网,http://jtyst.zj.gov.cn/art/2021/8/26/art_1229304975_59023160.html,2022年7月1日最后访问。

③ 《〈长三角省际水路联合查控协作协议书〉正式签署》,载上海市交通委员会网,http://jtw.sh.gov.cn/tpxw/20210926/6f86d7d2ac334b90b28902205a3e2c9c.html,2022年7月1日最后访问。

④ 《长三角地区三省一市交通运输部门分管负责人座谈会召开》,载江苏省交通运输厅网,http://jtyst.jiangsu.gov.cn/art/2021/9/27/art_41904_10029256.html,2022年7月1日最后访问。

2021 年 9 月 27 日,上海海事局、上海市港航事业发展中心、江苏省交通运输综合行政执法监督局、浙江省港航管理中心、安徽省地方海事(港航)管理服务中心等单位,在上海海事局举行长三角船检一体化暨通检互认合作协议签署仪式,这标志着长三角区域实施船舶检验通检互认机制试点工作拉开帷幕。按照协议,试点时间内优先考虑 2 个换证检验周期内、回船籍港不便船舶的定期检验(不包括换证检验)和临时检验。同时,在坚持数量基本对等原则下,集中长三角区域地方船检优势资源,深入开展"我为群众办实事"实践活动,提升船检供给服务水平,优化区域内优质的航运营商环境,提高长三角区域船民、船东的服务获得感。①

2021 年 9 月 27 日至 28 日,长三角航运创新发展联盟大会在浙江省温州市举行。长三角航运创新发展联盟成员单位共同签署了《船舶与港口污染防治倡议书》,建立健全长江经济带船舶和港口污染防治长效机制。②

2021 年 10 月 13 日,安徽省交通运输综合执法监督局与江苏省交通运输综合行政执法监督局、上海市交通委员会执法总队、浙江省公路与运输管理中心联合在江苏省苏州市召开长三角"两客一危一货"省际道路联合执法联席会议,明确要在前期联合协作和新型执法手段的推动下,加强区域执法合作,构建区域协同联动机制,开展长三角地区道路运输执法全方位的合作。会上,安徽省、上海市、江苏省、浙江省、山东省省级交通执法部门签署了长三角地区超限超载运输治理合作协议。五省市交通执法部门将以长三角综合大交通工作机制为纽带,加强区域超限超载治理联合监管、协同共治。③

---

① 《长三角启动船舶营运检验"通检互认"试点工作》,载安徽省交通运输厅网,https://jtt.ah. gov.cn/public/21701/120605151.html,2022 年 7 月 1 日最后访问。

② 《共建数字航运新生态 2021 长三角航运创新发展联盟大会在温召开》,载浙江省交通运输厅网,http://jtyst.zj.gov.cn/art/2021/9/30/art_1676377_59023768.html,2022 年 7 月 1 日最后访问。

③ 《长三角"两客一危一货"省际道路联合执法联席会议在苏州召开》,载安徽省交通运输厅网,https://jtt.ah.gov.cn/public/21701/120599931.html,2022 年 7 月 1 日最后访问。

2021年12月30日,为贯彻落实长三角一体化发展战略,服务交通强省建设,推进船舶检验高质量发展,惠及皖苏两省广大船东、船民,安徽省地方海事(港航)管理服务中心、江苏省交通运输综合行政执法监督局共同商定,在沪苏浙皖船检"莫干山协议"的框架下,在平等、合作、协商的基础上,深化两省船舶检验业务合作并在南京市签署了合作备忘录。此次合作创新船舶检验工作机制,实现苏皖两省营运检验通检互认,在长三角部分区域船舶检验通检互认试点工作合作基础上,拓展两省营运检验合作,整合船舶检验资源,在两省营运检验集中地区,实现联合驻点检验;加强了船舶检验队伍建设,合力提高两省船舶检验人员技术水平。①

2022年1月22日,长三角三省一市交通运输部门召开主要负责人视频会,沪苏浙皖交通运输主管部门和上海市组合港管委会办公室共同发布《关于携手推动长三角地区交通运输现代化建设的共同宣言》(以下简称《宣言》)。《宣言》提出,要进一步提高国际航线全球连通能力,拓展国际海运集装箱航线,打造各具特色的中欧班列品牌线路,大力发展海铁联运、江海河联运,有序发展甩挂运输;推动交通基础设施智能网联,推动大数据、互联网、人工智能、区块链等与交通运输行业深度融合;构建长三角区域交通法规协同和标准互认体系,挖掘长三角"一网通办"深度,推进长三角一体化联合执法,将长三角打造成为全国交通运输信用管理高地。会上,上海市交通委员会发出《关于"长三角地区三省一市共同推进城际(市域)铁路一体化发展"的倡议书》《关于"长三角地区三省一市共同促进区域汽车服务行业一体化发展"的倡议书》,得到江苏省、浙江省、安徽省三省交通运输主管部门的积极响应。倡议书提出,建立共同推进铁路建设工作合作机制,加快统一导向标志、信息平台、评价体系和相关服务规范等的运营标准;构建长三角区域内的数据共享机制,建立省级交通

---

① 《皖苏两省深化船检合作共同推动船检高质量发展》,载安徽省交通运输厅网,https://jtt.ah.gov.cn/public/21701/120785551.html,2022年7月1日最后访问。

运输主管部门层面的跨区域协调机制,进一步促进区域汽车服务高质量一体化发展。[①]

12.人力社保领域合作

2021年4月,浙江省舟山市嵊泗县人社局与上海市浦东新区人社局共同制定11条合作举措,在政策衔接、信息共享、联合招聘、协同引才等方面开展全方位合作,通过"三互三借三加",实现嵊、浦两地人社政策和服务的互通共享,并实现了就业补贴、创业补助等相关待遇直补居民社保卡,累计成功发放各类人社政策补贴4260万元,帮扶就业730余人。[②]

2021年12月15日,长三角区域公共创业服务联盟启动仪式在安徽省合肥市举行。成立长三角区域公共创业服务联盟,是贯彻落实党中央、国务院《长江三角洲区域一体化发展规划纲要》关于"成立区域公共创业服务联盟"的具体举措。按照联盟章程,联盟由长三角三省一市人力资源社会保障厅(局)共同发起,实行轮值制度,每年轮值1次,安徽省首次轮值。联盟将搭建合作交流"五大平台"。一是搭建创业服务机构资源集聚平台;二是搭建创业活动展示对接平台;三是搭建创业导师咨询指导平台;四是搭建职能部门交流合作平台;五是搭建创业数据互通共享平台。联盟成员主要包括三省一市人力资源社会保障、发展改革、教育、科技、经济和信息化、退役军人、共青团等部门,以及高校、技工院校、创业孵化载体、创业服务机构等单位。[③]

2021年12月30日,根据上海市、浙江省、江苏省、安徽省三省一市联合

---

① 《沪苏浙皖协同推进长三角交通运输现代化》,载江苏省交通运输厅网,http://jtyst.jiang-su.gov.cn/art/2022/1/21/art_41651_10329865.html,2022年7月1日最后访问。

② 《嵊泗县人社局"三互三借三加"积极助推长三角一体化发展》,载浙江省人力资源与社会保障厅网,http://rlsbt.zj.gov.cn/art/2021/4/8/art_1389524_58921427.html,2022年7月1日最后访问。

③ 《长三角区域公共创业服务联盟成立》,载安徽省人民政府网,https://www.ah.gov.cn/zw-yw/jryw/554077811.html,2022年7月1日最后访问。

下发的《长三角区域劳动人事争议调解仲裁工作战略合作协议》，上海市奉贤区劳动人事争议仲裁院与江苏省常州市、浙江省丽水市、安徽省六安市三地的仲裁机构建立合作机制，在互融互通中互学互促，着力下好长三角"一盘棋"，开创"一体化"新局面。建立机制保障权益。经过前期交叉调研、互动交流、线上沟通，四地仲裁机构确定了合作意向，签署合作框架协议，确立合作共建关系。本着区域共商、优势互补、资源共享、合作共赢的原则，建立了联席会议、工作协同和信息共享机制；定期开展区域人员培训交流合作、党建与行风建设合作机制；建立农民工维权联动帮助机制，提升农民工争议案件处理的效率。①

13. 民生领域合作

（1）公安人口管理合作

2021 年以来，为持续深化公安人口管理领域"放管服"改革、巩固政法队伍教育整顿成果，上海市、江苏省、浙江省、安徽省四地公安机关紧密结合"我为群众办实事"实践活动，相继推动长三角区域开具户籍类证明、工作调动户口迁移、夫妻投靠户口迁移、父母投靠子女户口迁移、申领居民身份证②、办理新生儿入户③等多项业务实现一站式"跨省通办"。

（2）养老服务合作

2021 年 1 月 5 日，2021 长三角养老产业协同发展研讨会在上海市召开。会上，上海市、江苏省、浙江省、安徽省四地民政部门决定，将 2021 年作为"深化长三角养老合作年"，三省一市将围绕"拓展合作城市数量""异地养老床

---

① 《奉贤区劳动人事争议仲裁院推进长三角仲裁机构跨省合作》，载上海市人力资源与社会保障局网，http://rsj.sh.gov.cn/tfx_17105/20211231/t0035_1404852.html，2022 年 7 月 1 日最后访问。

② 《长三角首次申领居民身份证可"跨省通办"上海全市实现免费办理》，载中华人民共和国中央人民政府网，http://www.gov.cn/xinwen/2021-10/21/content_5643952.htm，2022 年 7 月 1 日最后访问。

③ 《长三角沪苏浙皖新生儿入户实现跨省（市）通办》，载中华人民共和国中央人民政府网，http://www.gov.cn/xinwen/2021-11/24/content_5653152.htm，2022 年 7 月 1 日最后访问。

位供给翻番"等 10 项任务全面推进养老服务合作。截至 2020 年底,上海市已有 13 个区与江苏省、浙江省、安徽省的 27 个城市(含 7 个区县)签署备忘录,在文化旅游同城待遇、智慧养老产业协同、养老服务相关标准共享等方面开展养老服务协作。在此基础上,2021 年,上海市全部 16 个区将与 3 个省的 30 个城市实现养老服务工作对接。2021 年,上海市各区与三省相关城市将聚焦养老行业人才培养,打造养老从业人员队伍建设共建共享平台;聚焦市场要素自由流动,打造养老产业发展共建共享平台;聚焦失智长者照护,打造认知障碍友好社区共建共享平台;聚焦乡村振兴战略,打造农村养老服务共建共享平台;聚焦养老供需信息服务,打造养老顾问制度共建共享平台。①

2021 年 3 月 19 日,长三角区域养老一体化合作交流会在江苏省苏州市吴中区召开。上海市嘉定区、江苏省苏州市吴中区和安徽省滁州市三地民政局合作签约,沪苏皖三地共同推进长三角区域养老一体化协同发展。根据签约内容,沪苏皖三地民政部门今后将围绕养老服务信息公开、标准互认、政策互通、产业促进、要素流动等多个方面开展合作共建,共同推动长三角区域养老一体化协同发展。②

2021 年 4 月 28 日,为贯彻落实长三角一体化发展国家战略,加强长三角养老服务区域合作,浙江省民政厅党组书记、厅长王剑侯与安徽省民政厅党组书记、厅长张冬云在浙江省淳安县签署了《推进浙皖养老服务合作框架协议》。根据协议内容,双方将重点推动健康养老、旅居养老等养老产业发展,推进区域养老服务设施建设和评定标准、从业人员资格认定、老年人照护需求评估标准互认。加强养老服务运营经验交流和合作发展,支持专业

---

① 《长三角深化养老服务合作》,载中华人民共和国中央人民政府网,http://www.gov.cn/xinwen/2021-01/05/content_5577268.htm,2022 年 7 月 1 日最后访问。

② 《【扬子晚报】沪苏皖三地民政部门签约共建助推长三角区域养老一体化协同发展》,载江苏省民政厅网,http://mzt.jiangsu.gov.cn/art/2021/3/19/art_55087_9709130.html,2022 年 7 月 1 日最后访问。

养老服务企业(社会组织)到对方投资、运营、管理养老机构和社区养老服务设施,引导双方养老服务龙头企业跨省投资兴办旅居康养项目,并享受同等扶持政策。同时,双方将共同推进养老信息互通、资源互享、客源互送、营销互动,共同推出"线上＋线下"养老服务地图,制定区域内养老资本和品牌机构进入长三角市场的计划。①

(3)社会组织协同发展合作

2021 年 10 月 27 日,以"万社心向党 奋进新征程""融入长三角 助力一体化"为主题的 2021 长三角社会组织协同发展(苏州)大会暨第二届江苏省社会组织交流会在苏州太湖国际会议中心顺利举行。会上,长三角三省一市民政部门现场签署了《共同推动长三角地区社会组织协同发展合作框架意向书》,决定共同建立长三角地区社会组织协同发展联席会议制度、共同制定长三角地区社会组织协同发展总体规划,共同实施长三角地区社会组织协同发展重点计划,共同推动长三角地区社会组织协同发展资源链接。在三省一市总体合作框架下,上海市黄浦区、徐汇区、静安区、青浦区,江苏省南京市、无锡市、常州市、苏州市,浙江省杭州市、湖州市、嘉兴市,安徽省合肥市"八市四区"民政部门达成《长三角部分地区社会组织协同发展暨党建共建战略合作协议》,深入推进长三角区域社会组织"党建互促、资质互认、服务互助"和"平台共建、人才共育、监管共抓"。②

14. 旅游领域合作

2021 年 3 月以来,上海市金山区的吕巷镇、廊下镇、张堰镇和毗邻的浙江省平湖市的新仓镇、广陈镇,正在推进长三角"田园五镇"乡村振兴先行区

_____

① 《浙江安徽两省民政厅签署合作协议共同推进养老服务发展》,载浙江省民政厅网,http://mzt.zj.gov.cn/art/2021/4/29/art_1229304914_58925233.html,2022 年 7 月 1 日最后访问。

② 《[央广网]2021 长三角社会组织协同发展(苏州)大会顺利举行》,载江苏省民政厅网,http://mzt.jiangsu.gov.cn/art/2021/10/28/art_55087_10089534.html,2022 年 7 月 1 日最后访问。

建设。打造乡村振兴一体化发展试验田,将"红色基因"植入绿色发展,到2035年全面建成长三角乡村振兴先行区,是长三角"田园五镇"的共同愿景。此次发布的新一轮党建引领长三角"田园五镇"乡村振兴先行区项目共有72个,涉及乡村产业振兴、乡村人才振兴、乡村生态振兴、乡村文化振兴和乡村组织振兴等领域,项目总投资超过57亿元。[1] 2019年3月25日,五镇签署《长三角"田园五镇"乡村振兴先行区五镇联盟共建协议》。根据协议,五镇将建立"田园五镇"乡村振兴先行区联盟联席会议机制,以镇为前台,市(区)为后台,负责先行区建设过程中各方面工作的统筹,包括基础设施配套、重大事项协调、政策支持等。同时,联盟每年将至少召开2次联席会议,建立日常联络机构,建立常态化、长效化的对接联络制度。[2]

2021年5月18日,长三角文旅惠民市集在上海市举办。为深耕长三角旅游市场,加深沪泰文旅交流合作,当日,泰州文化旅游长三角全域推广中心在上海市揭牌成立,并在现场举办了2021泰州文旅路演活动。近年来,通过深化沪泰文旅合作交流,上海市已成为泰州市最主要的旅游客源市场。该推广中心成立后,将借助上海市作为长三角龙头的影响力,规划制订推广方案,在长三角开展宣传推介,进一步提升"泰州文旅"的品牌知名度和市场影响力,扩大"幸福水天堂"的城市美誉度。[3]

2021年5月31日,杭黄(杭州市、黄山市)两市推进长三角一体化发展工作领导小组办公室联合印发《杭黄毗邻区块(淳安、歙县)生态文化旅游合作先行区建设方案》。根据该方案,两市将以新安江上游"水脉"为轴线,相向带动沿线的山、水、镇、村,合力构建"两镇做强、湖城支撑、串珠成链"的山

---

[1] 《长三角"田园五镇"开展乡村振兴先行区建设》,载中华人民共和国中央人民政府网,http://www.gov.cn/xinwen/2021-03/27/content_5596216.htm,2022年7月1日最后访问。

[2] 《浙沪启动"田园五镇"乡村振兴先行区建设》,载央广网,http://zj.cnr.cn/zjyw/20190326/t20190326_524555869.shtml,2022年7月1日最后访问。

[3] 《泰州文旅长三角全域推广中心在沪成立》,载江苏省文化和旅游厅(省文物局)网,http://wlt.jiangsu.gov.cn/art/2021/5/20/art_695_9821363.html,2022年7月1日最后访问。

水大画廊格局。聚力推进一湖清水共保工程、千载文脉共承工程、生态农业共优工程、休闲旅游共兴工程、旅游交通共联工程，努力成为世界山水和文化融合发展的合作典范。①

2021年7月15日，"神奇九华·灵秀青阳"池州市县山联动文旅招商推介会在上海市召开。会上，上海市长宁区与安徽省池州市两地一体化推进文旅合作框架协议签约。池州市与长宁区互融共通，为实现资源共享、线路互连、客源互送、产品互推、品牌共塑，共同推动区域旅游经济发展打下了坚实的基础。会上，池州市文化和旅游局局长林芳与上海市长宁区文化和旅游局局长方雷共同签订了两地一体化推进合作框架协议，这也意味着今后两地的沟通更加紧密，合作更加深入，合作空间更加广阔。②

2021年8月27日，长三角主要城市中心城区高质量发展联盟第一次联盟大会在上海市黄浦区召开。上海市黄浦区、南京市鼓楼区、苏州市姑苏区、杭州市上城区、宁波市鄞州区、合肥市庐阳区、合肥市蜀山区相聚黄浦区，签订《长三角主要城市中心城区高质量发展联盟文化旅游合作框架协议》，就旅游精品线路共享、公共文化机构联通合作、文旅节庆品牌打造等方面达成共识。根据协议，联盟将充分发挥各中心城区功能引领、资源集聚等优势，共同推进多方面合作，细化5大方面20个领域43项合作任务，推进合作共建、资源共享、互利共赢的一体化发展。③

2021年是中国共产党成立100周年，红色旅游不断升温，红色文化成为推动长三角文旅高质量一体化发展的纽带，上海市会同苏浙皖三省文旅部门签署《长三角红色旅游合作框架协议》，推出"东进之路"长三角红色旅游

---

① 《〈杭黄毗邻区块（淳安、歙县）生态文化旅游合作先行区建设方案〉印发》，载安徽省发展和改革委员会网，http://fzggw.ah.gov.cn/jgsz/jgcs/zsjqyythfzc/gzdt/145856391.html，2022年7月1日最后访问。

② 《推动长三角"引擎"高速运转上海池州两地签订文旅合作框架协议》，载安徽省文化和旅游厅网，https://ct.ah.gov.cn/zwxw/qswlxxlb/8473381.html，2022年7月1日最后访问。

③ 《高质量发展联盟文化旅游合作框架协议》，载江苏省文化和旅游厅（省文物局）网，http://wlt.jiangsu.gov.cn/art/2021/8/30/art_695_9993115.html，2022年7月1日最后访问。

主题活动、"上海一大会址—浙江嘉兴南湖—淮安周恩来故居—皖西大别山"红色旅游精品线路,打造"长三角高品质红色旅游示范基地"。[①]

15.农业领域合作

2021年4月15日,长三角农业机械化一体化发展会议召开。三省一市农业农村部门分管负责同志就长三角农业机械化一体化高质量发展进行了研讨,在合作推动农机化发展政策创新、农机科研推广创新、农机鉴定与标准化和农机安全监督互通协查等方面达成统一意见,共同签署了长三角农业机械化一体化发展战略合作协议。[②]

2021年5月26日下午,2021年度长三角地区合作与发展联席会议在江苏省无锡市举行,会上举行了长三角一体化发展合作事项签约仪式。会议期间,三省一市农业农村部门负责同志签署了《共同推动建立长三角绿色农产品展示交易服务中心合作协议》。根据协议,中心将组织长三角地区品牌农产品展示和消费体验;开展线上线下交易、组织渠道推广、直播带货和跨境电商业务;开展长三角地区绿色农产品专场宣传推介、专场采购活动;开展区域联合招商,定期组织项目推介活动;开展绿色农产品标准及价值指数等基础研究,实行农产品质量安全追溯,推动产品带标带码上市,提升区域农产品市场竞争力,助推长三角地区农业高质量发展。[③]

在长三角一体化发展大背景下,长三角绿色农产品生产加工供应联盟于2019年12月成立。2020年8月,三省一市相关单位签订农产品加工科技合作框架协议。2020年,安徽省启动实施"158"行动计划,提出围绕全省

---

① 《以文旅深度融合促进红色文化传承弘扬》,载上海市文化和旅游局、上海市广播电视局、上海文物局网,http://whlyj. sh. gov. cn/wlyw/20211230/0c825192e8714cdf842c8e6db6179a47. html,2022年7月1日最后访问。

② 《长三角农业机械化一体化发展协议签署》,载安徽省农业农村厅网,http://nync. ah. gov. cn/158xdjh/55640901. html,2022年7月1日最后访问。

③ 《沪苏浙皖签署共建长三角绿色农产品展示交易服务中心合作协议》,载安徽省农业农村厅网,http://nync. ah. gov. cn/158xdjh/55698021. html,2022年7月1日最后访问。

粮油、畜禽、水产、果蔬、茶叶、中药材、油茶、土特产等优势特色产业，开展"一县一业（特）"全产业链创建；力争到 2025 年每个县至少重点培育一个优势主导产业，建设一批优势特色产业集群，全省建立长三角绿色农产品生产类、加工类、供应类示范基地 500 个，面向沪苏浙地区的农副产品和农产品加工品年销售额达 8000 亿元。[①]

2021 年 12 月 10 日，农业农村部与安徽省在京举行工作会谈，签署共同推动长三角绿色农产品生产加工供应基地建设加快农业现代化合作框架协议。中央农办主任、农业农村部党组书记唐仁健，安徽省委书记郑栅洁、安徽省省长王清宪出席会谈。根据协议，农业农村部与安徽省将围绕巩固提升粮食产能、推进育种创新、加强技术装备条件建设、发展农产品加工流通、推行农业生产"三品一标"、创新激励约束机制等 6 个方面加强合作。[②]

2021 年 5 月，为进一步推进长三角生态绿色一体化发展，强化农业联合执法合作机制，上海市青浦区与江苏省苏州市吴江区、浙江省嘉善县、江苏省昆山市农业农村执法部门共同签订《长三角青吴嘉昆农业执法合作备忘录》，在依法管理、信息共享、联合执法、对外宣传等农业综合方面不断深化合作。早在 2019 年 3 月，青浦区农业农村委执法大队就与昆山市农业农村执法部门签订了《淀山湖渔业管理合作备忘录》，2020 年 7 月与吴江区、嘉善县农业农村执法部门签订《示范区渔业管理合作备忘录》，四地农业执法部门密切配合，建立快速响应、灵活高效的渔政执法联动体系。[③]

---

① 《安徽加快建设长三角农产品绿色加工基地》，载安徽省农业农村厅网，http://nync.ah.gov.cn/158xdjh/55693901.html，2022 年 7 月 1 日最后访问。

② 《农业农村部与安徽省签署合作框架协议共同推动长三角绿色农产品生产加工供应基地建设》，载中华人民共和国农业农村部网，http://www.moa.gov.cn/xw/zwdt/202112/t20211211_6384549.htm，2022 年 7 月 1 日最后访问。

③ 《贯彻生态绿色战略 推进一体化渔业执法》，载中华人民共和国农业农村部网，http://www.moa.gov.cn/xw/qg/202111/t20211119_6382544.htm，2022 年 7 月 1 日最后访问。

16.住建部门合作

(1)住房公积金领域合作

2021年4月14日,长三角地区政务服务"一网通办"重点项目有关住房公积金工作专班集中办公攻坚及住房公积金长三角一体化示范区一季度联席会议先后在上海市召开。长三角"一网通办"重点项目工作专班集中攻坚由三省一市政府牵头组织,选取改革力度较大、感觉度较好、显现度较强的12个重点项目,其中包括异地购房提取住房公积金,按照组建专班、集中办公、重点推进模式,争取在5月25日前落地,目前制订了《长三角"一网通办"平台开展购房提取住房公积金业务工作方案》,相关人员正在开展技术对接落实。项目落地后,将更好地服务群众需求,破解审计整改问题。①

2021年6月7日,据上海市住建委消息,长三角异地购房提取公积金服务在长三角"一网通办"平台成功上线后,已在上海市、南京市、合肥市、苏州市、无锡市、嘉兴市、衢州市和芜湖市8个试点城市稳步推进。长三角"一网通办"异地购房提取公积金服务,为区域购房公积金提取增加了一种全新的办理渠道,并不改变试点城市异地购房提取住房公积金政策规定。通过跨区域数据共享、业务流程再造,推动公积金提取"减环节、减材料、减时间、减跑动",实现异地购房提取零材料、多地联办实时审,具有"零跑动、零材料、零等候"3个特点。②

2021年9月29日,长三角示范区住房公积金一体化2021年第三季度联席会议在浙江省嘉兴市召开,上海市、江苏省、浙江省两省一市住房公积金监管部门,上海市、苏州市、嘉兴市三地及示范区公积金中心等相关领导

---

① 《住房公积金长三角一体化会议召开》,载浙江省住房和城乡建设厅网,http://jst.zj.gov.cn/art/2021/4/14/art_1569971_58926374.html,2022年7月1日最后访问。

② 《长三角8城试点异地购房提取公积金服务》,载上海市住房和城乡建设管理委员会网,https://zjw.sh.gov.cn/xwfb/20210608/c2d1df6b7d4741ce8f3e87ee7e084ddc.html,2022年7月1日最后访问。

和人员齐聚嘉兴市，研讨交流示范区一体化发展推进情况，共商住房公积金助力共同富裕，加快政策趋同、业务联通、服务提升及数字化改革等重要议题，共同开启住房公积金高质量一体化发展新阶段。会上，嘉兴市公积金中心以发挥制度优势、助力共同富裕为主题做了交流发言，介绍了嘉兴市公积金中心在全面融入一体化发展、全力推进共同富裕等方面的实践和思考，并就《长三角示范区住房公积金服务规范手册》的起草情况做了说明。上海市、苏州市公积金中心及吴江区、青浦区、嘉善县分中心（管理部）分别就前期工作情况及下一阶段推进一体化工作打算进行交流发言，通报了各自开展长三角"一网通办"情况及示范区"跨省通办"综合受理机制推进情况。[①]

2021 年 12 月 16 日，马鞍山市住房公积金管理中心与南京市住房公积金管理中心共同签署《宁马两地住房公积金业务服务合作协议》，标志着两地在住房公积金领域的合作迈出了实质性的步伐。江苏省住建厅公积金监管处、南京市住房公积金管理中心、马鞍山市住房公积金管理中心相关领导参加了签约仪式。此次合作协议的签署，是宁马两地住房公积金管理中心贯彻落实长三角一体化发展国家战略的重要举措，在推进同城化发展、加快南京都市圈建设方面具有十分重要的意义。宁马两地住房公积金管理中心务实合作，将为城市间的政策协同、信息共享、服务便民、人才流动等提供更好的政策环境和服务保障，有力推动了两地公积金一体化更高质量发展。[②]

（2）长三角区域工程造价管理一体化合作

2021 年 10 月 21 日下午，长三角区域工程造价管理一体化第五次联席会议在安徽省合肥市召开。长三角区域三省一市的建设主管部门及造价管理机构负责同志参会，住房和城乡建设部标准定额司有关领导出席会议。

---

① 《长三角示范区住房公积金一体化 2021 年三季度联席会议在嘉兴召开》，载浙江省住房和城乡建设厅网，http://jst.zj.gov.cn/art/2021/10/8/art_1569971_58927795.html，2022 年 7 月 1 日最后访问。

② 《宁马两地签署住房公积金业务合作协议》，载安徽省住房和城乡建设厅网，http://dohurd.ah.gov.cn/public/6991/56062491.html，2022 年 7 月 1 日最后访问。

会议就《长三角区域工程造价管理一体化发展工作方案》、上海市建筑建材业市场管理总站提出的《长三角区域三省一市建设工程主要施工机械租赁价格指数测算与发布工作实施方案》、浙江省建设工程造价管理总站提出的《建立"长三角区域工程造价专家库"实施方案》、江苏省建设工程造价管理总站提出的《编制长三角区域统一的绿色建造消耗量定额实施方案》、安徽省建设工程造价管理总站提出的《长三角区域工程造价咨询企业信用信息共享实施方案》进行了充分研讨,并就长三角区域工程造价管理一体化发展"规则共定、信息共享、管理共商、人才共育"4 个方面重点任务达成共识,共同推进长三角区域工程造价改革工作迈上新台阶,努力开创长三角区域工程造价管理一体化蓬勃发展新局面。[①]

(3)新型建筑工业化协同发展合作

2021 年 4 月 22 日下午,"长三角区域新型建筑工业化协同发展联盟"在沪宣告正式成立。这标志着三省一市构建装配式建筑一体化市场体系又将向前迈出一大步。会议指出,对于长三角区域装配式建筑发展,一是要始终坚持长三角"一体化"发展,有力推动智能建造与建筑工业化协同发展;二是要始终坚持以建筑为龙头,秉持模数化、标准化、集成化的设计方法;三是要始终坚持人才是第一资源的发展理念,创新管理与服务模式。[②]

2021 年 8 月 30 日下午,皖沪建筑业合作与发展框架协议签约仪式在上海市举行。安徽省住房和城乡建设厅副厅长刘孝华、上海市住房和城乡建设管理委员会副主任裴晓出席签约仪式。根据协议,皖沪将本着优势互补、资源共享、合作共赢、共同发展的原则,积极开展全领域、各层级交流合作;加快建立统一开放市场,进一步完善两地建筑市场准入规则,建立准入"负

---

① 《长三角区域工程造价管理一体化第五次联席会议在合肥召开》,载安徽省住房和城乡建设厅网,http://dohurd.ah.gov.cn/zx/jsyw/55974271.html,2022 年 7 月 1 日最后访问。

② 《"长三角区域新型建筑工业化协同发展联盟"在沪正式成立,载上海市住房和城乡建设管理委员会网,https://zjw.sh.gov.cn/gzdt/20210425/8deb3e50526d422690e011e7cfee3a89.html,2022 年 7 月 1 日最后访问。

面清单"机制,在建筑业企业转型升级、建筑市场监管、质量安全管理、建筑农民工工资支付保障等方面开展深度协作;以长三角区域建筑业信息共享体系为基础,建立两地建筑业管理信息共享系统和机制;积极优化建筑产业结构和布局,实现优势互补,在智能建造、装配式建筑、古建筑、工程防腐、建筑产业工人培育和输出等方面开展交流合作;支持两地建筑业企业依法依规开展全方位合作,提升市场竞争力;根据需求按规定设立建筑业企业服务机构,助推两地建筑业管理和服务水平提升。①

17. 科技领域合作

2021 年 1 月,三省一市科技部门宣布,在上海市青浦区、江苏省苏州市吴江区、浙江省嘉兴市嘉善县、安徽省马鞍山市,开展科技创新券"通用通兑"试点,鼓励科技型中小企业共享使用长三角科技创新资源。②

2021 年 4 月 20 日,位于浙江省宁波市杭州湾新区数字经济产业园的宁波沪甬人才合作先锋区正式开园,作为创业创新重要政策支撑的《宁波杭州湾新区关于强化沪甬人才合作先锋区人才创业创新的若干措施》发布。借助产业、人才、科技等创新资源的优化协同,到 2025 年,先锋区有望集聚沪甬高端人才智力合作项目超过 100 个,带动集聚各类人才 1 万人以上。作为宁波市接轨上海市的"桥头堡",依托汽车制造等优势产业,宁波市杭州湾新区对高端人才的吸引力持续增强。宁波沪甬人才合作先锋区的创设,就是要通过引才平台、用人政策、人才制度的改革创新,进一步深化沪甬人才合作,以人才工作的先行先试引领新区创新发展,助推宁波市加快融入长三角一体化发展。

---

① 《皖沪建筑业合作与发展框架协议在上海签署》,载安徽省住房和城乡建设厅网,http://dohurd.ah.gov.cn/public/6991/55885341.html,2022 年 7 月 1 日最后访问。

② 《上海市科学技术委员会关于开展长三角科技创新券通用通兑试点的通知(沪科合〔2020〕31 号)》,载上海市人民政府网,https://www.shanghai.gov.cn/nw49248/20210119/a295a330a43a4-c7ea454f132bba5ea25.html,2022 年 7 月 1 日最后访问。

2021 年 5 月 27 日,浙江省科技厅等联合印发《宁波甬江科创大走廊发展规划》,打造长三角区域性科创策源和发展高地。宁波甬江科创大走廊总体定位是长三角地区具有全球影响力的引领性科创策源地,具体定位为"一区三高地",即全力建设全球新材料科创高地、全国工业互联网科创高地、全国关键核心基础件科创高地、长三角创新创业生态最优区。宁波甬江科创大走廊建设重点任务包含 5 个方面:突出重大平台驱动,全面提升科技创新核心力;聚焦核心技术突破,建设高端化创新型产业链群;彰显关键要素撬动力量,构筑科创人才和科技金融发展高地;强化科创服务赋能,打造创新创业生态最优区;改善人居环境品质,营造宜创宜学宜业宜居的科创微城。①

2021 年 5 月 28 日,在第三届长三角一体化发展高层论坛上,长三角科技创新共同体建设办公室正式揭牌。该办公室将由科技部与三省一市相关部门共同建设,为高质量推进长三角科技创新共同体建设开展各项工作。2020 年 12 月,科技部印发《长三角科技创新共同体建设发展规划》,在其中提出"2025 年,形成现代化、国际化的科技创新共同体""2035 年,全面建成全球领先的科技创新共同体"的发展目标。长三角科技创新共同体建设办公室今后将围绕发展目标开展工作,其中包括:组织长三角智库,制订三年行动方案;制订联合攻关实施方案及细则;建设长三角科创共同体"云"平台;等等。②

2021 年 5 月 29 日,围绕"共建共享,共融共赢"主题,推进长三角科技创新共同体建设,首届南京都市圈创新合作大会在江苏省镇江市隆重召开。会上,安徽省、江苏省两省科技厅共同签署南京都市圈外国人才来华

---

① 《浙江省科技厅等联合印发〈宁波甬江科创大走廊发展规划〉打造长三角区域性科创策源和发展高地》,载中华人民共和国科学技术部网,http://www.most.gov.cn/dfkj/zj/zxdt/202105/t20210526_174883.html,2022 年 7 月 1 日最后访问。

② 《长三角科技创新共同体建设办公室正式揭牌》,载中华人民共和国科学技术部网,http://www.most.gov.cn/dfkj/zj/zxdt/202106/t20210611_175182.html,2022 年 7 月 1 日最后访问。

工作许可互认框架合作协议，携手推进外国高端人才和外国专业人才在南京都市圈内自由流动，为都市圈建设提供有力的人才和智力支撑。根据该协议，苏皖两省将建立都市圈内外国人才工作许可互认机制，简化审批手续，优化审批流程，提高服务效能；建立外国人工作管理部门联席会议制度，每年召开一次，统筹推进南京都市圈外国人才工作许可互认工作，共同打造外国人才来华创新创业的引力场、自由流动的活力带、舒适生活的宜居地，提升南京都市圈的整体实力和竞争力。下一步，苏皖两省科技管理部门将进一步加强合作，共同印发《南京都市圈外国人才来华工作许可互认实施方案》。[①]

2021 年 11 月 19 日，"长三角一体化发展上升为国家战略三周年浙江省系列主题活动启动仪式"在浙江省杭州市举办。在仪式上，来自浙江省科技厅，上海市闵行区、江苏省、安徽省、宁波市等地的科技部门相关负责人正式签署了《长三角国家科技成果转移转化示范区联盟组建框架协议》，宣告长三角国家科技成果转移转化示范区联盟正式成立。组建长三角国家科技成果转移转化示范区联盟，旨在落实创新驱动发展战略和长三角一体化发展战略，聚焦科技成果转移转化问题痛点，推动长三角区域在科技成果高质量供给、成果供需精准匹配对接、成果转移转化生态构建、成果转移转化体制机制优化等方面加强协同合作，实现平台共建、服务共享、数据共用、政策共通，共同构建要素齐全、功能完善、开放协同、专业高效、氛围活跃的区域成果转化和技术转移体系，打造形成覆盖长三角、辐射全国、链接全球的科技成果转移转化高地。[②]

---

① 《安徽江苏共同签订"南京都市圈外国人才来华工作许可互认框架合作协议"》，载中华人民共和国科学技术部网，http://www.most.gov.cn/dfkj/ah/zxdt/202106/t20210610_175148.html，2022 年 7 月 1 日最后访问。

② 《浙江：长三角国家科技成果转移转化示范区联盟正式成立》，载中华人民共和国科学技术部网，http://www.most.gov.cn/dfkj/zj/zxdt/202111/t20211124_178173.html，2022 年 7 月 1 日最后访问。

2021年12月1日,《2021长三角41城市创新生态指数报告》正式发布,以覆盖区域内所有地级以上城市的翔实数据,体现了长三角区域创新生态的发展和演变。此前,科技部会同沪苏浙皖共同编制并发布的《长三角科技创新共同体建设发展规划》提出,到2025年形成现代化、国际化的科技创新共同体,2035年全面建成全球领先的科技创新共同体。科技部会同国家发展改革委、工业和信息化部、中国人民银行、中国银保监会、中国证监会共同编制了《长三角G60科创走廊建设方案》[①]。

（二）长三角生态绿色一体化发展示范区

2021年2月19日,长三角一体化示范区执委会、青吴嘉两区一县、示范区开发者联盟共同举办示范区建设重大项目对接会,示范区先行启动区五镇——上海市青浦区朱家角镇、金泽镇,苏州市吴江区黎里镇,嘉善县西塘镇、姚庄镇与中国三峡集团、国家绿色发展基金、中美绿色基金、中国中铁、中国移动、上海城投、中新公司、宝业集团等企业及各大金融机构进行集中项目对接作为示范区一体化高质量发展的有效载体。在重大项目方面,2021年,一体化示范区建设将重点推进65个重大项目。其中,互联互通类项目12个,生态环保类项目10个,创新发展类项目17个,公共服务类项目26个。突出跨区域、跨流域和区域带动及服务功能,着力形成以重大项目为牵引的一体化发展格局。[②]

2021年3月24日,长三角生态绿色一体化发展示范区执委会会同上海市、江苏省、浙江省两省一市市场监管部门、人民法院、人民检察院召开专题

---

① 《长三角四十一城创新生态指数发布》,载中华人民共和国中央人民政府网,http://www.gov.cn/xinwen/2021-12/01/content_5655158.htm,2022年7月1日最后访问。

② 《重点推进65个重大项目! 长三角一体化示范区举行对接会》,载浙江新闻网,https://zj.zjol.com.cn/news/1621066.html,2022年7月1日最后访问。

新闻通气会,发布并解读《关于在长三角生态绿色一体化发展示范区强化知识产权保护推进先行先试的若干举措》,这是国内首个跨省域强化知识产权保护的指导性文件。聚焦跨区域知识产权严保护、大保护、快保护、同保护等关键环节,该举措在推进知识产权联合保护、加强知识产权服务资源共享流动、推进知识产权管理服务一体化、强化知识产权保护一体化制度保障等4 个方面提出 16 条举措,并结合示范区强化知识产权保护的实际需要,更加突出"协同、共享、赋能"的理念。示范区执委会副主任唐晓东表示,下一步示范区将强化跨区域跨部门协作,推进知识产权全链条保护,积极发展知识产权服务业,实现在保护中发展、在发展中保护。[①]

2021 年 4 月 22 日,沪苏浙两省一市联合发布 3 项针对长三角生态绿色一体化发展示范区的生态环境统一标准,以期形成可复制、可推广的经验。3 项标准主要涉及挥发性有机物走航监测技术规范、固定污染源废气现场监测技术规范和环境空气质量预报技术规范。2020 年下半年,沪苏浙两省一市生态环境局(厅)会同长三角一体化示范区发布示范区生态环境管理"三统一"制度建设行动方案,主要包括生态环境标准统一、环境监测统一和环境监管执法统一。此次发布的首批 3 项技术规范是"标准统一"的组成部分,也是"监测统一"的重要基础和"执法统一"的技术支撑。[②]

2021 年 5 月 20 日,上海市公积金管理中心在长三角生态绿色一体化发展示范区试点开始提取住房公积金偿还异地购房贷款业务。试点业务明确,本市缴存住房公积金的职工,在本市无自有住房于苏州市吴江区、嘉兴市嘉善县两地购买拥有所有权的自住住房并在当地获得住房贷款(包括住房公积金贷款和商业贷款),可以申请提取本市住房公积金账户余额用于偿

---

① 《长三角一体化示范区将探索联合立案形成知识产权保护强大合力》,载江苏省地方金融监督管理局、江苏省人民政府金融工作办公室网,http://jsjrb.jiangsu.gov.cn/art/2021/3/25/art_79444_9714222.html,2022 年 7 月 1 日最后访问。

② 《长三角一体化示范区发布三项生态环境统一标准》,载中华人民共和国中央人民政府网,http://www.gov.cn/xinwen/2021-04/22/content_5601345.htm,2022 年 7 月 1 日最后访问。

还异地住房贷款。提取申请人为主贷人本人及其配偶,且提取申请人本人及其配偶在本市无住房公积金贷款、无委托提取住房公积金归还住房贷款、无其他生效中的提取业务、在本市无自有住房。①

作为长三角一体化制度创新的最新成果之一,《长三角生态绿色一体化发展示范区先行启动区产业项目准入标准(试行)》于2020年正式发布,实现了产业项目准入标准的跨省域统一。横跨沪苏浙的长三角生态绿色一体化发展示范区,自2019年11月挂牌以来,正在稳步推进各项工作。其中,长三角生态绿色一体化发展示范区先行启动区的范围包括上海市青浦区金泽镇和朱家角镇,江苏省苏州市吴江区黎里镇,浙江省嘉善县西塘镇和姚庄镇。根据准入标准,先行启动区新引进及盘活存量用地引进的工业项目、研发总部项目,将重点聚焦"四个维度":一是产业契合度;二是环境友好度;三是创新浓度;四是经济密度。长三角生态绿色一体化发展示范区执委会表示,准入标准的出台,标志着在先行启动区内"一个标准管准入",实现了跨省级行政区域执行统一的产业项目准入标准,彰显了"一体化"。②

2021年5月28日,长三角生态绿色一体化发展示范区教师发展学院揭牌仪式在苏州市吴江区教师发展中心举行。揭牌仪式上,吴江区教师发展中心主任沈常青介绍了长三角示范区教师发展学院的工程建设情况,并就学院功能定位、发展规划、年度工作等方面做了全面介绍。揭牌仪式后又举行了长三角示范区教师发展学院首届专家委员会成立仪式暨第一次专家委员会会议。会议就《长三角一体化教师培养机制建设方案》《长三角示范区教师发展学院建设方案》进行了广泛深入的探讨,围绕2021年重点工作安

---

① 《长三角生态绿色一体化发展示范区试点异地购房提取还贷》,载上海市住房和城乡建设管理委员会网,https://zjw.sh.gov.cn/xwfb/20210524/93159346aa294e79aaa10a09b6f7469e.html,2022年7月1日最后访问。

② 《长三角一体化示范区发布产业准入标准实现跨省域统一》,载中共浙江省纪律检查委员会、浙江省监察委员会网,http://www.zjsjw.gov.cn/shizhengzhaibao/202005/t20200524_2617216.shtml,2022年7月1日最后访问。

排,青浦区、吴江区、嘉善县三地进一步明确责任与分工。①

2021年6月3日,生态环境部对外合作与交流中心、江苏省生态环境厅、苏州市吴江区人民政府签署"共建长三角一体化示范区绿色发展国际创新中心战略框架协议"。创新中心将致力于推动长三角一体化示范区建设,促进环境与发展领域国际交流合作;发挥长三角一体化示范区先行先试制度优势,开展生态环境保护领域相关研究,推动环境治理体系创新,总结、形成可复制推广的生态绿色发展经验,建设运营绿色技术与产业孵化平台,培育打造生态文明理念及实践经验对外传播窗口。根据协议,创新中心将开展政策研究与绿色示范,促进技术创新和产业聚集,推动绿色供应链标准体系建设,构建环境管理交流合作与服务平台,探索完善绿色金融制度,深化生态环保国际合作与交流,促进生态文明理念对外传播,等等。②

2021年6月16日,青吴嘉三地法院共同签署《长三角生态绿色一体化发展示范区"全域协同"法庭工作联盟备忘录》。在承接示范区先行启动区法庭协作先行先试工作成果的基础上,增点扩面联合示范区内全部人民法庭,成立跨域更广、协作更紧密、内涵更丰富的法庭工作联盟。法庭工作联盟在多元解纷和社会治理协作、诉讼服务协作、审判协作、执行协作等八大方面开展协作,有序探索开展裁判尺度和法律适用统一、跨域管辖协同审理、特邀调解员名册互认共管等创新举措。③

2021年7月13日,长三角一体化示范区举行制度创新成果新闻发布会。长三角一体化示范区执委会副主任、上海市发展改革委副主任张忠伟介绍了长三角一体化示范区制度创新等有关情况。2021年上半年,长三角

---

① 《长三角生态绿色一体化发展示范区教师发展学院揭牌成立》,载苏州市教育局网,http://jyj.suzhou.gov.cn/szjyj/qyjg/202106/1c6589175b3948c2956e0fb187cfdc8f.shtml,2022年7月1日最后访问。

② 《长三角一体化示范区绿色发展国际创新中心落地江苏吴江》,载中华人民共和国中央人民政府网,http://www.gov.cn/xinwen/2021-06/04/content_5615413.htm,2022年7月1日最后访问。

③ 《长三角一体化|示范区组建"全域协同"法庭工作联盟》,载澎湃网,https://m.thepaper.cn/baijiahao_13172314,2022年7月1日最后访问。

生态绿色一体化发展示范区建设,聚焦"8+1"重点领域,推出18项具有突破性、首创性的制度创新成果,集中在规划管理、生态保护、项目管理、要素流动、公共服务和体制机制等重点领域。①

2021年8月5日,上海市市场监管局、江苏省市场监管局、浙江省市场监管局、长三角生态绿色一体化发展示范区执委会联合发布《关于支持共建长三角生态绿色一体化发展示范区的若干意见》。该意见提出17条举措,从加快制度集成创新、加强事中事后监管、夯实质量基础设施、提升企业服务能级4个方面支持示范区建设。②

2021年10月9日,长三角生态绿色一体化发展示范区正式发布《长三角生态绿色一体化发展示范区先行启动区规划建设导则》,为660平方公里先行启动区的规划建设、工程设计等提供技术指导。这是我国第一部跨省域的规划建设导则,将助力示范区先行启动区实现"一套标准管品质"。中国科学院院士、东南大学建筑学院教授段进介绍,为缝合发展上的差异,在遵循自然资源部相关要求的基础上,改变过去偏重于城镇集中建设区的做法,打破原有城与乡、新与旧相互分离的体系,构建出新旧协同、城乡融合的国土空间规划建设新标准。③

2021年10月21日,江苏省、浙江省、上海市两省一市生态环境部门及长三角生态绿色一体化发展示范区执委会联合印发《关于深化长三角生态绿色一体化发展示范区环评制度改革的指导意见(试行)》。该意见主要包括四大方面14条具体措施。一是强化规划环评与项目环评联动。提出了对具备改革条件的县级以上产业园区可实施降低环评文件等级、简化环评编

---

① 《长三角一体化示范区制度创新成果新闻发布会》,载上海市人民政府新闻办公室网,https://www.shio.gov.cn/TrueCMS/shxwbgs/2021n_7y/content/07cc47ce-5a89-43d8-af7f-3151c8-b882dd.html,2022年7月1日最后访问。

② 《长三角示范区迎来17条一体化发展"硬"举措》,载江苏省质量监督管理局网,http://scjgj.jiangsu.gov.cn/art/2021/8/5/art_70154_9962791.html,2022年7月1日最后访问。

③ 《长三角一体化示范区发布跨省域规划建设导则》,载中华人民共和国中央人民政府网,http://www.gov.cn/xinwen/2021-10/09/content_5641649.htm,2022年7月1日最后访问。

制工作、优化排放总量管理等 3 条具体措施。二是实施项目环评管理"正面清单"制度。提出了豁免环评管理手续（列出了 8 个行业 13 个类别清单）、实行告知承诺审批（列出了 16 个行业 36 个项目类别清单，除畜禽养殖外，其余均为环评报告表类型）、支持小微企业发展、强化环评审批服务等 4 项工作举措。三是做好环评制度与相关生态环境制度的统筹衔接。提出了探索"两证联办"模式、协同落实降碳目标、强化"三线一单"应用等 3 项措施。四是加强事中事后环境监管。提出了探索建立建设项目环境监管闭环体系、严格依法依规监管、强化改革项目环境管理、创新监管方式方法等 4 条举措。①

2021 年 10 月 21 日，长三角生态绿色一体化发展示范区举行新闻发布会，上海市政府副秘书长、长三角一体化示范区执委会主任华源介绍了示范区成立两年以来建设发展总体情况：聚焦一体化重点领域，又推出了 41 项新的制度创新成果，不断推进第一年 32 项制度成果深化落地，第一批制度成果加快向全国复制推广；坚持"制度创新＋项目建设"双轮驱动，全力推进 65 个重大项目，为示范区高质量发展注入新动能；持续完善"机构法定、业界共治、市场运作"的新型跨域治理模式，凝聚了一大批优秀市场主体和优质要素资源参与示范区建设。随着国家战略的深入推进，制度红利持续释放，示范区高质量一体化发展的势头更为强劲，呈现出更加生机勃勃、欣欣向荣的景象。②

2021 年 10 月 23 日，2021 年长三角生态绿色一体化发展示范区警务合作会议在江苏省苏州市召开，上海市青浦区、江苏省苏州市吴江区、浙江省嘉善县三地公安机关情指中心、刑警条线负责人，代表 7 个业务警种部门签署

---

① 《长三角一体化示范区试行环评制度一体化改革》，载江苏省地方金融监管局、江苏省人民政府金融工作办公室网，http://jsjrb.jiangsu.gov.cn/art/2021/10/24/art_79444_10083375.html，2022 年 7 月 1 日最后访问。

② 《长三角一体化示范区两周年建设进展，9 类 41 项制度创新成果发布》，载苏州市人民政府网，https://www.suzhou.gov.cn/szsrmzf/szyw/202110/c7f16cc8c9384ccca8f36e5dc5577a39.shtml，2022 年 7 月 1 日最后访问。

执行协议。会议共明确了"大数据""教育训练""情指""食药环""刑侦""巡特警""交管"7个领域具体合作协议。①

2021年10月28日,嘉兴市嘉善县联合上海市青浦区、苏州市吴江区开发建设的长三角一体化示范区劳动争议联合调解工作中心正式启动运行。该中心由青吴嘉三地人力社保部门在线上共同开发长三角一体化示范区劳动争议联合调解工作平台,在线下共同建立劳动争议联合调解工作站,从线上线下两个维度共同推进,提高一体化示范区跨地区劳动争议案件处理效能。②

为进一步加强跨省域、跨地区相互融合、相互促进、相辅相成的一体化绿色金融发展,《长三角生态绿色一体化发展示范区绿色金融发展实施方案》于2021年正式印发。该方案明确,努力将长三角一体化示范区打造成为绿色金融产品和服务创新的先行区、气候投融资和碳金融应用的实践区、绿色产业和绿色金融融合发展的试验田。该方案还明确了9项主要任务,大力发展绿色信贷,推动证券市场支持绿色投资,创新发展绿色保险,发展绿色普惠金融,发展气候投融资和碳金融,培育发展绿色金融组织体系,构建绿色金融服务产业转型升级发展机制,建立绿色信息共享机制,加强绿色金融交流合作。

2021年11月28日,上海市青浦区、浙江省嘉善县、江苏省苏州市吴江区三地达成共识,将利用长三角数据共享交换平台进行三地间公交实时信息的交换。在三地交通主管部门、政府数据管理部门和公交企业的积极参与推动下,三地达成了技术合作备忘录,正在就公交动态信息数据归集和注

---

① 《一体化发展示范区警务合作会议在吴江召开》,载苏州市吴江区人民政府网,http://www.wujiang.gov.cn/zgwj/wjxw/202110/6ccb5d1be711405c97c2e660b61cc3e9.shtml,2022年7月1日最后访问。

② 《嘉善联合青浦吴江打造跨省域劳动争议联合调解工作中心》,载浙江省人力资源和社会保障厅网,http://rlsbt.zj.gov.cn/art/2021/10/28/art_1389524_58926981.html,2022年7月1日最后访问。

册开展准备工作,后续将实现与长三角数据共享交换平台的衔接和融合,逐步实现公交信息数据的互联互通,促进示范区公交一体化发展。[①]

2021年12月29日,为深入贯彻落实长三角一体化发展国家战略,加强上海市、江苏省、浙江省在企业工资分配宏观调控方面的协作联动,促进人力资源要素的有序流动和高效配置,上海市人力资源和社会保障局和江苏省、浙江省两省的人力资源和社会保障厅深入挖掘应用2021年企业薪酬调查数据资源,对一体化示范区(上海市青浦区、江苏省苏州市吴江区、浙江省嘉善县)内305户制造业企业、11.12万从业人员2020年工资性收入数据进行分析,共同研究形成《2021年长三角一体化示范区制造业企业市场工资价位》,并联合向社会发布。这是长三角地区首次联合发布跨行政区域的市场工资价位,为一体化示范区企业及求职者提供了市场价位信息参考,有利于引导企业合理确定各类岗位人员的薪酬水平,进一步促进人力资源要素的合理流动。[②]

2022年1月11日,《长三角生态绿色一体化发展示范区共建共享公共服务项目清单(第二批)》已经印发,并于2022年1月1日正式施行。这批公共服务项目清单共13条,涵盖卫生健康、医疗保障、教育、养老、政务服务、综合应用等六大领域,将为上海市青浦区、江苏省苏州市吴江区、浙江省嘉善县三地居民带来便利。清单内容具体包括医疗机构检验检查报告互认,异地就医结算全域免备案、异地医保基金联审互查,不动产登记跨省通办,"跨省通办"综合受理服务和社保卡"一卡通"。[③]

2022年1月11日,长三角生态绿色一体化发展示范区理事会召开第五

---

① 《长三角示范区加强公交信息一体化推进工作》,载上海市交通委员会网,http://jtw. sh. gov. cn/xydt/20211229/86837c4f440042108e14338a788225a9. html,2022年7月1日最后访问。

② 《上海、江苏、浙江人力资源和社会保障部门首次联合发布长三角一体化示范区制造业企业市场工资价位》,载江苏省人力资源和社会保障厅网,http://jshrss. jiangsu. gov. cn/art/2021/12/29/art_78497_10236635. html,2022年7月1日最后访问。

③ 《长三角一体化示范区推进13项公共服务跨省共享》,载中华人民共和国中央人民政府网,http://www. gov. cn/xinwen/2022-01/11/content_5667578. htm,2022年7月1日最后访问。

次全体会议,提出将"碳中和""碳达峰"纳入制度创新重点领域,创新低碳发展路径,着力提升项目建设和区域发展的"绿值"。2022年,长三角一体化示范区将探索建立统一的环境、社会和公司治理(ESG)标准,以及实施跨域共保的示范区绿色保险制度。[①]

2022年1月16日,上海市青浦区在长三角金融产业园举行了长三角数字干线建设启动会,《长三角数字干线发展规划纲要》和《长三角数字干线青浦区行动方案(2022年—2023年)》正式发布。长三角数字干线是指发端于上海市青浦区,以数字经济为本源,依托G60主干廊道与沿线城市形成紧密合作,协同打造一流新型基础设施的数字创新发展带。在建设步骤上,长三角数字干线将以两年为一个建设周期,目标是到2027年产业规模达到1万亿级。未来,长三角数字干线要打造经济数字化的"引力场"、生活数字化的"全息场"、治理数字化的"网络场"、生态数字化的"试验场",从中心到外围分为"数字天元""数字三体""数字星座""数字星云"4层,打造要素调配、基础支撑、服务交易、趋势导向和制度创新五大功能。[②]

(三)长三角地方政府其他领域合(协)作

2021年4月23日,上海市图书馆、南京市图书馆、浙江省图书馆、安徽省图书馆在苏州市第二图书馆联合发布《长三角智慧阅读倡议书》,共同倡议推进长三角智慧阅读,提高长三角全民阅读能级和水平,促进长三角公共图书馆高质量一体化发展。四地图书馆倡议,共同开发基于微服务架构的下一代图书馆服务平台,打造开放、互动、共生,任何机构或个人都能参与完

---

① 《瞄准"双碳"目标长三角一体化示范区开年着力提"绿值"》,载中华人民共和国中央人民政府网,http://www.gov.cn/xinwen/2022-01/12/content_5667841.htm,2022年7月1日最后访问。

② 《一体化示范区将建"数字三体"万亿级长三角数字干线建设启动,打造一流新型基础设施数字创新发展带》,载上海市人民政府网,https://www.shanghai.gov.cn/nw4411/20220117/97476-be8109e4950aa36e24c8ea98fe1.html,2022年7月1日最后访问。

善的技术支撑体系,深化人机智慧协同,建设能够自我成长、永续发展的智慧阅读生态系统。将以读者和用户为中心,建立多层级、立体化智慧服务体系,促进阅读服务与信息技术深度融合,为多元用户提供个性化、精准化、自主化服务;加强读者数字技能教育和培训,提升公民智慧阅读素养;加快信息无障碍建设,帮助老年人、残疾人等特殊群体共享智慧阅读;加强学术研究和数字化人才培养,实现对下一代图书馆智慧应用的可持续支持。[①]

2021 年 5 月 25 日,长三角生物医药产业链联盟成立大会在江苏省苏州市召开。为贯彻落实习近平总书记关于长三角一体化发展指示精神,构建长三角生物医药(含医疗器械)产业高质量一体化发展体系,推动产业优势互补、分工协作,打造有全球影响力的产业高地,江苏省、上海市、浙江省、安徽省三省一市工信(经信)部门牵头组建了长三角生物医药产业链联盟。会议审议通过了《长三角生物医药产业链联盟章程》,确定了联盟首届理事长、副理事长、秘书长、副秘书长等人选。三省一市工信(经信)部门领导分别致辞,对联盟的成立表示祝贺,并对联盟下一步工作提出要求。[②]

上海市文物局、江苏省文物局、浙江省文物局和安徽省文物局于 2021 年 12 月正式签署《长三角文物市场一体化规范发展战略合作框架协议》,建立全国首个区域性文物市场一体化合作体系。根据合作协议,三省一市将通过政府推动、资源整合、项目互动、政策引导、机制探索等方式,创建长三角地区资源集聚、要素集约、业态集群、效益集成的社会文物保护利用新高地,共同打造文物市场一体化规范发展合作平台。[③]

---

① 《沪苏浙皖四地图书馆倡议智慧阅读》,载安徽省文化和旅游厅网,https://ct. ah. gov. cn/zwxw/gzdt/8468679. html,2022 年 7 月 1 日最后访问。

② 《长三角生物医药产业链联盟在苏州成立》,载江苏省工业和信息化厅网,http://gxt. jiang-su. gov. cn/art/2021/5/27/art_6288_9829258. html,2022 年 7 月 1 日最后访问。

③ 《长三角签署文物市场一体化发展战略协议》,载中华人民共和国中央人民政府网,http://www. gov. cn/xinwen/2021-12/10/content_5659812. htm,2022 年 7 月 1 日最后访问。

六、长三角法治发展中的司法机关、监察机关

(一)长三角法治发展中的法院协作

1.高级人民法院层面

2021年5月17日,学党史·办实事——机关党建服务长三角一体化发展创新项目启动仪式在江苏省南京市举行。在启动仪式上,三省一市就机关党建服务长三角一体化发展合作框架协议进行了签约。该协议坚持党建工作与业务工作同谋划、同部署、同落实、同检查,省高级人民法院制定党建与业务融合发展实施意见,推动司法更高质量地服务长三角一体化发展。强化多层次司法协作,承办第十二届长三角地区法院工作会议,四地高级人民法院共签一站式多元解纷和诉讼服务体系建设司法协作框架协议,与国家知识产权局共签推进长三角一体化科技创新知识产权保护备忘录等。推进长三角区域法院诉讼服务标准化建设,入驻长三角政务服务"一网通办",诉讼服务实现"同城待遇"。出台跨域立案规则,落实长江流域"十年禁捕"工作要求,强化涉长三角案件办理,营造法治化营商环境。深化执行协作,携手破解执行难题。强化业务交流和研讨,探索以审判业务交流为基础的法官交流工作机制,提升司法办案和司法协作的质量和效率。①

---

① 《发挥党建优势为长三角一体化发展提供有力司法保障》,载澎湃网,https://www.thepaper.cn/newsDetail_forward_12740060,2022年7月1日最后访问。

2021年5月20日,最高人民法院组织召开人民法院服务保障长三角一体化发展第一次联席会议,上海市、江苏省、浙江省、安徽省四地高级人民法院签署了《长三角地区法院执行工作"一体化"备忘录》,就长三角地区房产、车辆、股权、社保、公积金等各类涉执信息的跨域共享、跨域立案、跨域查控等事项达成了共识。会后,各地积极行动,率先突破,浙江省嘉善县法院会同长三角生态绿色一体化发展示范区的上海市青浦区、江苏省苏州市吴江区法院,积极对接三地政务服务和数据管理部门,上线"长三角示范区执行在线"平台,推动不动产、公积金、车辆查控等16个高频执行协作事项线上"跨域办理、一网通办",办理事项最短仅需5分钟,目前该项目入选2021全国社会治理创新案例。三地还进一步完善失信联合惩戒机制,对接"社会治理云"平台,与乡镇网格等共享执行数据,目前网格调查的信息反馈率100%,在失信联惩曝光台公布失信被执行人533名,实现"一地失信、三地联惩",营造"惩治失信、倡导守信"的良好氛围。①

2021年6月3日,上海市高级人民法院举行新闻发布会,发布《关于充分发挥环境资源审判职能　为长江十年禁渔提供司法服务和保障的意见》(以下简称《意见》)及典型案例。2019年1月,在"长江大保护"的总体战略下,国家决定"把修复长江生态环境摆在压倒性位置",对长江流域重点水域实行全面禁渔,自2021年1月1日起,为期10年。习近平总书记指出,长江禁渔是为全局计、为子孙谋的重要决策。全国人大常委会通过《中华人民共和国长江保护法》,最高人民法院发布《关于贯彻〈中华人民共和国长江保护法〉的实施意见》,沪苏浙皖四地人大常委会制定《关于促进和保障长江流域禁捕工作若干问题的决定》,对禁渔期、禁渔区非法捕捞等行为进行规范。长江上海段是长江十年禁渔的重点水域,为贯彻落实中央、最高人民法院、

---

① 《紧扣一体化和高质量为长三角一体化发展提供有力司法服务和保障》,载中华人民共和国最高人民法院网,https://www.court.gov.cn/zixun-xiangqing-329891.html,2022年7月1日最后访问。

上海市委的决策部署，上海市高级人民法院专门制定出台《意见》，为长江十年禁渔提供有力的司法服务和保障。①

2021 年 9 月 24 日，安徽省高级人民法院出台《关于充分发挥审判职能为长三角一体化发展提供司法服务和保障的实施意见》和《关于充分发挥审判职能为民营经济高质量发展提供司法服务和保障的实施意见》，要求全省法院认真落实党中央及省委决策部署，立足司法审判职能，积极应对长三角一体化发展和民营经济高质量发展涉及的司法问题，提供精准司法服务和保障，持续优化法治化营商环境。《关于充分发挥审判职能为长三角一体化发展提供司法服务和保障的实施意见》共 16 条，就精准对接长三角一体化发展司法需求、加大涉长三角区域案件审判执行力度、深化拓展与长三角一体化发展相适应的司法协作机制等明确工作措施。《关于充分发挥审判职能为民营经济高质量发展提供司法服务和保障的实施意见》围绕增强民营企业家安全感、依法促进民营企业创意创新创造、优化民营经济发展软环境、优化司法服务工作机制等，提出 18 条意见。②

2. 中级人民法院层面

2021 年 1 月 28 日下午，为迎接中国共产党建党 100 周年，贯彻落实《推动长三角一体化发展司法协作框架协议》精神，切实加强上海市、嘉兴市两地基层党支部建设，学习借鉴兄弟法院先进经验，携手推进沪浙法院司法协作，上海市第二中级人民法院与嘉兴市中级人民法院举行行政庭党支部联建云签约仪式。联建协议将政治理论学习、审判业务研讨、岗位创先争优、

---

① 《上海高院发布司法服务保障长江十年禁渔意见及典型案例》，载上海市高级人民法院网，http://www.hshfy.sh.cn/shfy/web/xxnr.jsp? pa＝aaWQ9MjAyMjQxOTEmeGg9MSZsbWRtPW-xtMTcxz，2022 年 7 月 1 日最后访问。

② 《安徽高院出台两个《实施意见》服务保障长三角一体化和民营经济高质量发展》，载安徽法院网，http://ahfy.chinacourt.gov.cn/article/detail/2021/09/id/6284686.shtml，2022 年 7 月 1 日最后访问。

寻访红色足迹作为主要联建内容和活动载体,在疫情防控常态化形势下,采取线上线下相结合的方式,借助远程会议、视频讲座等现代科技手段,开展全方位、多领域、深层次的交流与合作,为建党100周年献礼。双方相关领导及党员代表以视频会议形式出席了此次签约仪式,并由双方党支部书记签署电子协议书。①

2020年末,上海市第二中级人民法院党组书记、院长郭伟清与苏州市中级人民法院、嘉兴市中级人民法院院长共同签订了《上海二中院 江苏苏州中院 浙江嘉兴中院推动长三角一体化发展司法协作框架协议》。此后,上海市第二中级人民法院立案庭组建了三地中级人民法院及辖区法院"沪苏嘉诉服协作微信群",积极推进跨域立案、跨域诉服等工作,为人民群众提供更为便捷、高效的司法服务。2021年1月8日,上海市第二中级人民法院立案庭与苏州市中级人民法院完成一起跨域立案,本案系长三角一体化司法协作协议签订后上海市第二中级人民法院发起的首件跨域立案,充分体现了三地法院主动响应长三角一体化发展规划,积极推进跨域司法协作的发展理念;同时,也有效地减少了当事人在疫情期间奔波异地的麻烦。

2021年5月17日,由上海市第二中级人民法院、江苏省苏州市中级人民法院、浙江省嘉兴市中级人民法院主办的"至正审判实务"第十四期长三角区域司法实务中隐私权与个人信息保护研讨会在上海市第二中级人民法院召开。上海市三级法院、江苏省苏州市法院、浙江省嘉兴市法院的审判人员、上海市人民检察院的检察官及来自浙江大学、上海交通大学、苏州大学等高校的专家学者共60余人参与研讨。②

---

① 《上海二中院与嘉兴中院举行行政庭党支部联建云签约仪式》,载上海市高级人民法院网,http://www.hshfy.sh.cn/shfy/web/xxnr.jsp? pa=aaWQ9MjAyMDU1MTUmeGg9MSZsbWRtPWxtNDYwYwz,2022年7月1日最后访问。

② 《长三角区域司法实务中隐私权与个人信息保护研讨会在上海二中院召开》,载上海市高级人民法院网,http://www.hshfy.sh.cn/shfy/web/xxnr.jsp? pa=aaWQ9MjAyMjEyNDYmeGg9MSZsbWRtPWxtNDYwYwz,2022年7月1日最后访问。

2021 年 6 月 4 日,上海市第三中级人民法院组织召开新闻发布会,通报上海环境资源案件"1＋4"集中管辖改革以来上海市第三中级人民法院和上海市金山区人民法院、上海市青浦区人民法院、上海市崇明区人民法院、上海铁路运输法院环境资源案件审判情况,发布 12 起典型案例。新闻发布会通报,针对环境资源案件跨地域性的特征,5 家法院积极推进长三角地区跨域司法协作,强化工作联动,促进适法统一。比如,上海市第三中级人民法院与湖州市、嘉兴市、杭州市、南京市、宣城市五地中级人民法院签署《长江三角洲地区人民法院环境资源司法协作框架协议实施细则》,统筹推进各项协作机制,促进法律适用统一。上海市青浦法区人民法院与浙江省嘉善县人民法院、江苏省苏州市吴江区人民法院签署《服务保障长三角生态绿色一体化建设司法协作协议》,建立长效协作工作机制,联合发布典型案例,加强案件研判,统一裁判标准。上海市金山区人民法院与浙江省平湖市人民法院、嘉善县人民法院、海盐县人民法院签订《杭州湾北岸生态湾区生态环境保护司法协作工作协议》,建立跨区域司法执法联动机制。[①]

2021 年 11 月 4 日上午,首届长三角海事司法论坛暨长三角海事司法合作协议签约仪式在上海海事法院举行。会上,上海市、南京市、宁波市、武汉市四地海事法院签署了《长三角海事司法合作协议》。与会领导共同开通了"长三角海事司法合作交流平台",通过信息化加强 4 家海事法院立审执司法协作。加强长三角地区海事司法合作,主动对接长三角港航一体化发展协同推进的任务要求,共同营造长三角地区航运法治化营商环境,已经成为长三角地区海事法院的共识。[②]

---

① 《上海两级法院通报环境资源案件"1＋4"集中管辖改革实践情况》,载上海市高级人民法院网,http://www.hshfy.sh.cn/shfy/web/xxnr.jsp? pa=aaWQ9MjAyMjQ1MjUmGg9MSZsbWRtQ1MjUmGg9MSZsbWRtP-WxtMTcxz,2022 年 7 月 1 日最后访问。
② 《加强海事司法交流合作服务保障长三角一体化发展 首届长三角海事司法论坛在上海海事法院举行 陶凯元发表书面讲话》,载中华人民共和国最高人民法院网,https://www.court.gov.cn/zixun-xiangqing-330411.html,2022 年 7 月 1 日最后访问。

2021年11月4日,在长三角一体化发展上升为国家战略三周年之际,上海金融法院与南京市中级人民法院、杭州市中级人民法院、合肥市中级人民法院、苏州市中级人民法院在线举行长三角区域金融司法合作协议签署仪式暨工作座谈会。该协议围绕金融司法协作机制、疑难案件共同研商机制、类案问题合作研究机制、金融审判经验交流机制及金融法官培训交流机制等提出了5个方面的任务和措施,从统一裁判尺度到加强司法协作,从深化合作研究到实现资源共享,开展全方位的合作,为长三角一体化高质量发展提供更加优质的金融司法服务和保障。①

3.基层人民法院层面

2021年4月,浙江省嘉善县、上海市青浦区、江苏省苏州市吴江区三地法院联动公安、国税、住建等高频协作事项单位,进一步打破行政边界、条块分割,成功打造"长三角示范区执行在线",实现不动产、公积金查控,被执行人婚姻登记信息查询等近20项事项异地线上高效办理,全国首创跨省域执行领域全流程数字协同。②

2021年6月12日,浙江省嘉善县、上海市青浦区、江苏省苏州市吴江区三地法院、检察院及税务局主要领导、职能部门负责人等齐聚吴江区,召开长三角一体化示范区税收司法精诚共治展望方案发布会,联合发布《长三角生态绿色一体化发展示范区税收司法精诚共治展望方案》,共同签署《长三角生态绿色一体化发展示范区涉税证据调取合作协议》。该协作机制明确了企业和个人纳税情况、财务报表等涉案证据跨省域调取的内容、范围和程序,特别是办案机关跨省域调取涉税证据时,可以直接向所在地

---

① 《上海金融法院与苏浙皖四家中级法院签署金融司法合作协议》,载上海市高级人民法院网,http://www.hshfy.sh.cn/shfy/web/xxnr.jsp? pa=aaWQ9MjAyNDg4NzggmeGg9MSZsbWRtRtP-WxtNDYwz,2022年7月1日最后访问。

② 《嘉善法院:协同案例被评经典》,载浙江法院网,http://www.zjcourt.cn/art/2021/11/4/art_56_25020.html,2022年7月1日最后访问。

税务机关申请。

2021年10月25日,长三角一体化示范区法院司法一体化2021年工作年会在江苏省苏州市吴江区召开。会上,浙江省嘉善县、上海市青浦区、江苏省苏州市吴江区三地法院联合开展了第二届长三角一体化示范区法院"十大民事典型案例""十大优化法治化营商环境典型案例""十大执行典型案例"评选活动,并进行现场颁奖。为有效促进跨省域数字协同,三地法院共同推出"长三角示范区执行在线"平台,以多跨场景应用改革撬动从源头切实解决执行难的各方面改革。三地法院全面加强"共享法庭"建设,在实践基础上,运用视联网技术,迭代升级打造"共享法庭"。目前,嘉善县内已设立镇(街)、村(社)、特设等"共享法庭"60处,并在江苏省苏州市吴江区设立跨省域"共享法庭"。通过"一屏一线一终端","共享法庭"为人民群众提供触手可及的法律服务,实现"解纷不用跑、效果还更好"。为充分发挥人民法庭前沿阵地作用,三地法院还精心打造人民法庭联盟,签署"全域协同"法庭工作联盟备忘录,在先行启动区4家法庭协作先行先试的基础上,增点扩面至全部人民法庭,在业务交流、基层治理等领域开展深度协作。当天,三地法院共同签署《示范区法院党建"六融"协议》,涵盖党建品牌建设、学习阵地打造、法律人才共育、专业能力共提等方面,展示了三地法院构建的多元化跨省党建与业务交流共融机制,实现党建工作从"相加"到"互融"。①

2021年11月4日上午,为推动长三角一体化发展重大国家战略,不断加强司法互助协作,推进由审判协同走向跨域一体化的司法制度创新,更好地服务保障长三角地区经济社会发展和法治建设,上海市嘉定区人民法院、江苏省昆山市人民法院、江苏省太仓市人民法院在嘉定司法中心隆重举行"嘉昆太"法院服务保障长三角一体化司法战略协作签约仪式暨工作推进

---

① 《纵深推进长三角示范区司法一体化》,载浙江法院网,http://www.zjcourt.cn/art/2021/10/25/art_56_24952.html,2022年7月1日最后访问。

会,并发布《"嘉昆太"法院服务和保障长三角一体化发展司法报告》暨"嘉昆太"法院服务和保障长三角一体化发展第一批典型案例。①

(二)长三角法治发展中的检察机关协作

2021 年 3 月 31 日,上海市人民检察院联合江苏省、浙江省、安徽省三省人民检察院召开"凝聚检察合力,护航长江禁捕"新闻发布会,通报沪苏浙皖检察机关促进和保障长江流域禁捕总体工作情况,并发布相关典型案例。沪苏浙皖检察机关依托长三角一体化发展战略平台,持续深化一体化理念、"共同体"意识,有序协同、整体联动推进长江流域生态环境系统治理。共同构建促进和保障长江流域禁捕工作的共同体,会签实施了《沪苏浙皖检察机关关于依法全面充分履行检察职能为扎实推进长三角一体化发展提供司法保障的意见》《关于环太湖流域生态环境行政公益诉讼跨省际区划管辖协作意见》等文件,联合制订服务保障长三角一体化发展 2021 年行动方案,进一步凝聚长江流域渔业生态资源跨域司法保护合力。②

2021 年 4 月 8 日,来自沪苏两省(市)的检察机关代表,在上海市人民检察院党组书记、检察长张本才,江苏省人民检察院有关负责人带领下,在苏州会商"沪苏同城"检察协作。会上,上海市人民检察院第二分院与苏州市人民检察院签署《"沪苏同城"检察协作相关备忘录》。备忘录指出,双方在长三角区域检察协作总体框架内推进深化"沪苏同城"检察协作,立足沪苏中心大局工作法治需求和检察工作特色优势,发挥示范引领、突破攻坚作用,形成更多可复制、可推广的经验,打造区域检察协作样板。2021 年,双方

① 《"嘉昆太"法院服务和保障长三角一体化发展司法报告(2019—2021)附全文》,载网易网,https://www.163.com/dy/article/GO2AE85M0514ILIK.html,2022 年 7 月 1 日最后访问。
② 《长三角四地检察机关联合开了这场发布会,携手干好这件事》,载澎湃网,https://www.thepaper.cn/newsDetail_forward_11994900,2022 年 7 月 1 日最后访问。

将围绕推进民营经济同城化保护、强化公益诉讼跨区域检察协作、合力促进和保障长江流域禁捕工作、协同打造高品质"轨道上的长三角"、实现检察工作动态和业务数据互通共享、推动社区矫正同城化监管、落实人才交流培养协作机制等重点领域,全面深化务实合作。①

近年来,法治协同成为推进长江大保护的关键词之一。上海市、江苏省、浙江省、安徽省四地在立法、执法、司法等方面紧密协作、形成合力,实现长江口禁捕执法监管常态化、高质量办理跨域案件、健全监管长效机制,构建了齐抓共管的长江流域生态保护工作格局。2021 年 3 月 1 日起正式实施的《中华人民共和国长江保护法》明确规定,长江流域相关地方根据需要在地方性法规和政府规章制定、规划编制、监督执法等方面建立协作机制,协同推进长江流域生态环境保护和修复。2020 年 12 月底,上海市人大常委会邀请江苏省、浙江省、安徽省人大相关委员会负责人召开座谈会,四地对开展协同立法、联动监督形成共识。随后上海市人大相关委员会赴江苏省、浙江省、安徽省,对立法工作进行研讨和沟通,进一步深化了合作、凝聚了共识,确定由上海市起草示范文本,各省结合实际,修改形成各自文本。2021 年 2 月,《上海市人民代表大会常务委员会关于促进和保障长江流域禁捕工作若干问题的决定》由上海市人大常委会会议表决通过。3 月,江苏省、浙江省、安徽省人大常委会也先后表决通过了有关决定,四地的 4 部法规均于 4 月 1 日起施行。这些决定在主要条款、基本格式等方面保持一致,将为加强长江流域禁捕工作提供更有力的法制保障。②

2021 年 5 月 7 日,上海市黄浦区、金山区、青浦区,江苏省苏州市,浙江省湖州市、嘉兴市六地人民检察院的检察长共同签订长三角一体化检察党

---

① 《深化"沪苏同城"检察协作 两地检察机关签署协作备忘录》,载上海市检察院网,https://www.sh.jcy.gov.cn/xwdt/jcxw/71590.jhtml,2022 年 1 月 1 日最后访问。

② 《沪苏浙皖四地协同立法、联合执法,共同推进长江禁捕和生态保护》,载上海检察网,https://www.sh.jcy.gov.cn/xwdt/jcxw/71676.jhtml,2022 年 7 月 1 日最后访问。

建联建协议，拉开了"学百年党史·传红色基因"主题活动的序幕。据介绍，此次长三角一体化检察党建联建，是在庆祝中国共产党成立 100 周年之际，六地检察机关聚焦"长三角一体化发展国家战略"目标定位共同推出的创新举措。党建联建实行"1＋6＋8"体系，即 1 个一体化党建联建共建平台、6 家成员单位和包括基层组织共建、党建理论共学、优势资源共享等在内的 8 项联建机制，旨在进一步加强长三角毗邻地区检察机关党组织横向交流和深度合作，推进区域化党建联建共享共赢。①

2021 年 7 月 29 日，上海市人民检察院第三分院组织召开长三角地区检察机关反走私执法一体化研讨会。会上，上海市人民检察院第三分院和合肥市、杭州市、宁波市、温州市等地检察机关分管负责同志共同签署《长三角地区检察机关反走私执法一体化协作配合框架协议》。这是上海检察机关贯彻落实长三角更高质量一体化发展战略，提升长三角区域检察机关反走私执法协作能级的具体举措。该协议指出：要推进执法理念一体化，形成长三角区域反走私工作检察合力；要推进办案制度一体化，形成长三角区域检察机关反走私"一盘棋"工作格局；要推进执法标准一体化，统一长三角区域检察机关法律适用标准；要推进人才培养一体化，加大反走私专业化建设力度。②

2021 年 8 月 16 日，由上海市人民检察院第三分院组织召开的"长三角地区检察机关反走私司法一体化研讨会"在上海市举行，来自合肥市、杭州市、宁波市、温州市等沪苏浙皖四地的 7 家检察院共同签署《长三角地区检察机关反走私司法一体化协作配合框架协议》，为贯彻落实长江三角洲区域一体化战略，提升长三角区域检察机关反走私司法协作能级，提供具体举措。

---

① 《沪苏浙六地检察机关开展长三角一体化检察党建联建》，载上海检察网，https://www.sh.jcy.gov.cn/xwdt/jcxw/72277.jhtml，2022 年 7 月 1 日最后访问。

② 《长三角检察机关签署"一体化协议"构建反走私执法一体化协作机制》，载上海检察网，https://www.sh.jcy.gov.cn/xwdt/jcxw/index_15.jhtml，2022 年 1 月 1 日最后访问。

会议指出,7家检察院将建立违法犯罪案件线索双向移送、案件管辖争议解决的常态工作机制,健全走私犯罪案件公益诉讼协作机制,定期通报长三角区域走私犯罪案件、公益诉讼案件、监督案件和综合治理案件等检察业务数据,建立共享鉴定检验资源、专家咨询等制度,共同推进海洋环境治理;建立政策贯彻、法律适用协同机制,通过共同出台工作细则、证据指引等方式,努力形成一批经得起检验的可执行、可推广的反走私一体化司法标准等。[①]

2021年8月25日,上海铁路运输检察院、江苏省启东市人民检察院联合邀请启东市市场监督管理局、启东市渔政监督大队、相关乡镇政府、园区管委会、大型海鲜市场负责人等,就进一步强化野生河豚鱼监管工作开展磋商,与会各方就共同加强野生河豚鱼监管工作形成会议纪要。这是沪苏两地检察机关结合办案维护群众舌尖上的安全、开展长三角一体化检察公益诉讼的探索尝试。此次磋商会就共同加强野生河豚鱼监管工作形成会议纪要,一致认为野生河豚鱼进入上海市、江苏省等地市场流通,危害食品安全,侵害了不特定消费者的合法权益,损害社会公共利益。两地检察机关结合检察公益诉讼职能,就加强野生河豚鱼监管提出意见和建议,在理顺各部门职责,从捕捞、加工、经营等环节入手形成打击违法销售河豚鱼的闭环等方面达成共识。[②]

(三)长三角法治发展中的监察机关协作

2021年1月17日,长三角一体化毗邻地区的6个区镇,共同签署"长三角一体化毗邻区镇廉洁文化共建共享倡议",共同发布"清风线·联廉看"廉

---

① 《长三角地区检察机关签署框架协议共同推进反走私司法一体化》,载上海检察网,https://www.sh.jcy.gov.cn/xwdt/jcxw/74724.jhtml,2022年7月1日最后访问。

② 《沪苏开展长三角一体化检察公益诉讼新尝试》,载上海检察网,https://www.sh.jcy.gov.cn/xwdt/jcxw/74906.jhtml,2022年7月1日最后访问。

洁文化观览线，拉开了嘉善县、青浦区、吴江区三地毗邻区镇清廉文化共建共享新篇章。毗邻区镇地缘相近、文化相通，通过常互动、常联动，共同探索创建"共联、共研、共建、共享、共赢"新模式，共同构建干部清正、政府清廉、政治清明、社会清朗的绿色政治生态圈，共同为助推长三角一体化示范区建设做出贡献。自 2021 年 5 月以来，长三角毗邻区镇清廉文化共享活动频繁。例如邀请吴江汾湖高新区（黎里镇）纪工委及毗邻村党组织书记、主任参观县农村基层党员干部纪法教育基地并开展纪检监察工作交流，6 个毗邻区镇纪委到黎里古镇东圣堂、周宫傅祠等廉洁文化观览点进行专题交流研讨。①

2021 年 1 月 17 日，嘉善县纪委县监委聚焦"高质量推进纪检监察工作创新发展，高水平建设清廉示范区"总目标，紧密结合自身工作实际，出台《关于印发长三角生态绿色一体化发展示范区重点工作大抓落实纪律保障工作方案的通知》，为一体化示范区嘉善片区建设提供强有力的纪律保障。根据"长三角生态绿色一体化发展示范区建设"的年度目标任务，该县明确责任分工，围绕征地拆迁、生态环境整治、产业平台提升、全域土地综合整治、交通设施提升"五大攻坚战"分别成立专项督查组，将保障重大决策部署落实作为重要政治责任，通过督查"问效、问廉、问清、问责"，聚焦"监督的再监督"，着力解决重点工作大抓落实过程中的作风顽疾。②

2021 年 6 月下旬，上海市纪委监委、江苏省纪委监委、浙江省纪委监委、安徽省纪委监委召开长三角地区纪检监察机关区域合作会议，就全面建立长三角纪检监察工作协作机制达成共识，并共同签署了《关于建立长三角纪检监察工作协作机制的协议》。根据该协议，长三角三省一市纪检监察机关

---

① 《嘉善推进长三角毗邻区清廉建设一体化》，载中共浙江省纪律检查委员会、浙江省监察委员会网，http://www.zjsjw.gov.cn/yixiankuaixun/202008/t20200801_2738971.shtml，2022 年 7 月 1 日最后访问。

② 《嘉善铁纪护航长三角生态绿色一体化发展建设》，载中共浙江省纪律检查委员会、浙江省监察委员会网，http://www.zjsjw.gov.cn/yixiankuaixun/202008/t20200828_2740077.shtml，2022 年 7 月 1 日最后访问。

将通过建立协作机制,推动形成"平台共建、资源共享、业务共进、事项共议、风险共防"的区域一体化工作格局,努力打造推动纪检监察工作高质量发展的区域协作样板。得益于三省一市纪检监察机关协作机制的建立和之前的实践探索,上海市青浦区、江苏省苏州市吴江区、浙江省嘉兴市嘉善县三地纪检监察机关出台了《长三角生态绿色一体化发展示范区青吴嘉生态环保专项监督方案》,三地纪检监察机关聚焦历次生态环境保护督察发现的问题进行联合调研,走访职能部门,听取意见建议,在各自开展专项监督、治理的基础上,开展联合监督检查。同时,推动生态环境、水务、农业农村等相关行业主管部门根据自身工作职责,开展相关领域、内容的联合执法检查,打击违法行为,维护生态环境。围绕长三角一体化发展,浙江省纪委监委制定《推进长三角一体化发展若干措施落实专项监督清单》,明确目标任务、具体措施和责任部门,作为开展专项监督的行动抓手,凝聚一体推进的强大合力。江苏省、安徽省纪委监委按照相关分工,正着手牵头制订纪检监察体制改革合作机制落实相关实施方案,并围绕情况互通、合作调研、共创经验等,进一步细化实化具体举措。①

2022年1月30日,宁波市持续深化长三角一体化发展专项监督,镇海区纪委区监委立足已有政务服务改革成果,推动与嘉兴市南湖区、上海市杨浦区签订政务服务跨省通办合作备忘录,加快三地政务服务步伐,以实打实的便捷举措赢得了群众的点赞。奉化区纪委区监委聚焦全力抓好生态保护,通过基层权力监督指引机制,让"权力亮出来""热点议起来""监督严起来""整改实起来",有效打通权力监督的"最后一公里",推动解决环保问题431个。江北区纪委区监委以浙东运河保护公益诉讼为切入点,监督推动区检察院与运河沿岸各区(市)检察机关建立公益诉讼协作机制,为运河流域

---

① 《区域合作助推高质量发展长三角纪检监察机关建立协作机制》,载中共中央纪律检查委员会、中华人民共和国国家监察委员会网,https://www.ccdi.gov.cn/yaowenn/202108/t20210811_145110.html,2022年7月1日最后访问。

绿色发展提供有力的司法保障,回应群众关切。[①]

　　2022 年 1 月 7 日,为紧盯数字长三角建设,紧扣三地一体化发展,嘉兴市嘉善县联合上海市青浦区、江苏省苏州市吴江区共同推进长三角一体化示范区公共数据共享,而"云上嘉善"是其中的重要组成部分。为推动"云上嘉善"项目的顺利落地,嘉善县纪委县监委充分发挥监督保障职能,由县纪委副书记牵头、派驻纪检监察组参与组成专项督查组,坚持问题导向、目标导向、效果导向相统一,梳理督查清单,制定问题清单,进一步畅通问题发现、问题交办、问题整改渠道,着力纠正"云上嘉善"项目推动工作中责任落实不到位、制度执行不坚决、不彻底的问题。[②]

---

　　① 《宁波持续深化长三角一体化发展专项监督,载中共浙江省纪律检查委员会》,载浙江省监察委员会网,http://www.zjsjw.gov.cn/toutiao/202201/t20220105_5369690.shtml,2022 年 7 月 1 日最后访问。

　　② 《聚焦"云上嘉善" 监督护航数字长三角建设,载中共浙江省纪律检查委员会》,载浙江省监察委员会网,http://www.zjsjw.gov.cn/gongzuodongtai/jiandujiancha/202112/t20211229_5301396.shtml,2022 年 7 月 1 日最后访问。

七、分析与展望

　　长三角一体化发展,是时代赋予的机遇,同时也提出了新的挑战性的问题。一年来长三角地区展开区域协同立法,签署多项政府间合作协议,进行司法协作等,多项举措同时发力,推动长三角地区高质量、高水平、一体化发展,打造样板城市,法治先行发挥了积极的保障作用,但也存在一些短板需要及时补齐。基于本报告数据资料的分析,长三角法治建设未来发展需要特别关注和及时解决的主要问题包括以下几方面。

(一)重点领域立法引领

　　1.推进区域协同立法,应重点领域立法引领,特别是利益补偿机制平衡。区域协同发展的核心是利益问题,现实中,完全协同基本只是一种理论设想,主体之间更多的是利益冲突。如何在完成区域发展规划的同时明确利益补偿机制,则是区域协同立法的关键。建议方案:首先,开展重点立法领域论证。预期成果是针对某一事项制定区域间一般性的立法文件,以作为各省市制定具体实施规范或条例的参考和基础。如对皖江城市带的产业结构调整,以及对解决环太湖治理过程中错位发展和同质化问题的解决等。其次,利用利益补偿机制进行平衡。利益补偿机制主要适用于各省市在统一立法文件基础上结合自身情况制定地方性法规或规章时,因"顾全大局"而做出的"自我牺牲"。为此,利益补偿机制通过构建明确的补偿内容、补偿方式、补偿来源及实施机构补偿让出方以求平衡。①

2.立法重点应紧密围绕一体化发展任务。区域协同立法最根本的目的仍是为区域发展提供可资借鉴的法律规范，各区域活动必须紧密围绕主要发展任务，要以《长三角地区一体化发展三年行动计划（2021—2023》为立足点。根据该计划提出的交通互联互通、能源互济互保、产业协同创新等7 个一体化发展目标，长三角协同立法重点应更多地集中在科创、产业、信用、环保、公共服务等领域。而现实的情况却是，除了交通、环保外，其他鲜有涉及。建议方案：围绕该计划所提到的交通、能源、产业创新等重点方面，以及共抓大保护、不搞大开发主要任务，长三角协同立法的主要内容应集中于环境保护、产业调整、人才信用等方面。建议将以下几个领域提升为重点优先行动领域对待。一是，加强耕地资源法律保护。加强耕地资源保护，实现粮食自产自足，可以在一定程度上保障长三角地区的粮食安全、土地资源安全、生态安全。二是，加强湿地保护。长三角汇聚了我国最大的江、河、湖、海复合型湿地，湿地是长三角生态系统最重要的生态基地。三是，加强噪声污染防治合作。城镇化带来的广场舞喧闹、机动车轰鸣"炸街"、室内装修噪声扰民等噪声污染与人民群众的生活息息相关。

（二）加强司法协作

1.重点是针对案件裁判标准不统一问题。以环境司法为例，在维护环境利益方面，我国不仅有环境侵权诉讼、环境刑事诉讼等，还确立了环境公益诉讼和生态环境损害赔偿诉讼。目前，长三角地区的司法协作协议主要围绕着日常联络、案件移送、信息共享、判决执行、搭建研讨平台等环节展开，协作机制内容抽象，协作机制僵化，对管辖法院在形成类案量刑规范化

---

① 宋保振，陈金钊：《区域协同立法模式探究——以长三角为例》，载《江海学刊》2019 年第 6 期，第 165-171 页。

意见、贯彻恢复性司法理念、探索非诉行政案件执行实施模式及公益诉讼程序衔接规则等方面尚未有进一步的具体协作,司法救济呈现分割式、差异化现象,同案不同判的现象仍然存在。建议方案:以重大环境案件会商制度统一环境司法裁判标准,即司法机关在必要时可以邀请行政机关、专家、社会组织等主体参与,确保案件裁判规则尽可能将司法裁量空间压缩至最小,并通过多方协作促成参考性案例或典型案例的发布,借由类型化法律思维的运用,提炼出特殊环境案件的类型化要素,形成可复制、可推广的经验。①

2.案件判决执行的衔接不畅。以环境司法为例,环境污染或生态破坏引发的后果,需要生态补偿、生态修复等多元化方式加以救济,这种多样化执行方式决定环境案件判决执行具备特殊性。从环境治理角度来说,环境利益维护当属公共管理机构职责,具体由政府部门承担。因此,法院除了在案件移送方面建立与行政机关的衔接机制外,还应当在判决执行方面同行政机关建立联系,依托行政机关推动环境治理和生态修复,对生态环境修复效果进行监督和维持。已有环境司法协作内容虽关注到环境司法执行效果问题,但在环境司法专门化背景下,法院与行政机关等其他主体如何共同建立基地并保障基地运行和资金使用未有深入探索。建议方案:以区域司法联动机制化解环境司法专门化难题。专门环境资源法庭的成立需要及时解决不同主体之间的沟通协调问题,即通过构建法院、检察院、公安机关乃至行政机关之间的环境案件联动机制,包括司法联动联席会议制度、联络员制度,积极推动专门环境资源法庭与检察机关、公安机关及行政机关之间的衔接和监督,围绕着案件管辖、调查取证、案件协调、判决执行等方面展开协作,通过联动机制掌握和研究跨区域环境案件中的司法协作需求,解决环境

---

① 李华琪、曹奕阳:《区域环境司法协作的理论溯源与制度回应——以长三角地区为例》,载《中国环境管理》2021年第 6 期,第 140-146 页。

司法专门化过程中的理念缺乏、人员不足等问题。①

3.以项目化修复制度创新环境案件判决执行。环境案件的执行不仅能保护人身财产权益,其"所采取的责任承担方式重点在于对生态环境本身的修复或赔偿"。生态修复逐步取代经济赔付的方式成为环境司法的新型判决执行方式,实践中的补植复绿、护林护鸟、劳务代偿、增殖放流等均成为可选择修复方式。但个案推动的环境案件判决执行并不具备长远发展的条件,尤其是生态环境修复的管理方式、资金成本等都面临着规模化效应不足问题,这就需要个案修复方式向项目化修复制度进行转变。具体来说,在长三角地区各地纷纷设立生态修复基地的前提下,由法院与行政机关之间协作搭建项目化修复平台,行政机关提供修复项目规划,法院审核批准通过判决方式将修复金投入到环保项目,从而实现类案化修复。②

(三)提高区域环境治理水平

长三角一体化发展作为国家重大战略对全国具有示范引领作用。同时,长三角又是长江经济带的重要组成部分,要坚持生态优先、绿色发展的理念。建设长三角生态绿色一体化发展示范区,是实施长三角一体化发展战略的先手棋和突破口。按照运行逻辑,一些创新制度最好先在先行启动区做改革试点,成功后可以辐射到整个示范区,再辐射到长三角三省一市。将长三角生态绿色一体化发展示范区建设成为更高质量一体化发展的标杆,有利于集中彰显长三角地区践行新发展理念、推动高质量发展的政策制度与方式创新,率先实现质量变革、效率变革、动力变革,更好地引领长江经

① 李华琪,曹奕阳:《区域环境司法协作的理论溯源与制度回应——以长三角地区为例》,载《中国环境管理》2021 年第 6 期,第 140-146 页。
② 李华琪,曹奕阳:《区域环境司法协作的理论溯源与制度回应——以长三角地区为例》,载《中国环境管理》,2021 年第 6 期,第 140-146 页。

济带发展,对全国的高质量发展也能发挥示范引领作用。因此,在全面调查分析总结的基础上,结合国家环境政策发展规划和战略部署,建议继续从以下几个方面强化补齐,实现长三角生态环境法治一体化发展。

从长三角当下的环境治理绩效和污染物排放情况来看,长三角区域的环境治理情况与其经济发展水平并不匹配,同时也发现区域内不同污染物的治理效果存在差异。从目标清晰度和政策冲突性两个维度分析原因,可知由于制造业在长三角区域经济增长中具有不可替代的地位,因而污染物排放类约束指标会对区域经济发展造成较大影响,政策冲突性较强。而土壤环境、生态状况类约束指标一方面不会对实体经济造成直接冲击,另一方面宜居的生态环境还能增加城市的吸引力,因而这类指标的政策冲突性较弱。研究发现,对于政策目标清晰度高且政策冲突性强的环境政策,地方政府需要在行政指令和区域经济发展之间取得平衡。因而地方政府环境政策执行的策略就是"随大流"。一般而言,这类执行策略基本都能达成中央政府既定的政策目标,但缺少政策创新的空间,地方政府通常只是照搬中央政府的政策框架,虽然在目标达成度方面政策效果较好,但是因不能将地方的特点融入政策设计,政策绩效相对较低。建议方案:长三角政府在制定生态环境政策时需要在政策弹性和政策约束力两个方面取得平衡,既为地方政府进行生态环境政策创新留下空间,同时,也避免模糊的政策目标对地方政府履行生态环境治理责任缺乏约束力。①

---

① 陈海江,司伟,周鸿勇:《长三角区域环境政策的转移机制研究》,载《环境保护》2021 年第 49 期,第 27-32 页。

附录1　长三角法学论坛相关著作

叶必丰主编：《长三角法学论坛——论长三角法制协调》，上海社会科学院出版社 2005 年版。

胡虎林主编：《长三角法学论坛——论非公经济的法律保障》，浙江大学出版社 2006 年版。

王荣生主编：《长三角法学论坛——长三角区域保护知识产权法律研究》，江苏人民出版社 2007 年版。

史德保主编：《长三角法学论坛——长三角区域法制协调中的地方立法》，上海人民出版社 2008 年版。

胡虎林主编：《长三角法学论坛——流动人口法制：现状及其完善》，浙江大学出版社 2009 年版。

王荣生主编：《长三角法学论坛——国际金融危机与区域经济发展》，南京大学出版社 2010 年版。

李继斌主编：《长三角法学论坛——推进区域经济社会发展的若干法律问题与协调》，上海人民出版社 2011 年版。

宋光宝主编：《长三角法学论坛——海洋法治：经济转型与社会管理创新》，浙江大学出版社 2012 年版。

方为南主编：《长三角法学论坛——经济转型中的金融创新与法制保障》，南京大学出版社 2013 年版。

附录 2　历年长三角法学论坛主题

　　2013 年第十届长三角法学论坛主题为"新型城镇化建设的法治保障研究"。

　　2014 年第十一届长三角法学论坛主题为"中国自贸区建设的法治保障研究"。

　　2015 年第十二届长三角法学论坛主题为"长三角区域依法治水研究"。

　　2016 年第十三届长三角法学论坛主题为"环境污染防治法律问题研究"。

　　2017 年第十四届长三角法学论坛主题为"长三角地区产业创新升级的法治保障研究"。

　　2018 年第十五届长三角法学论坛主题为"城乡融合发展法治保障"。

　　2019 年第十六届长三角法学论坛主题为"长三角一体化发展法治保障"。

　　2020 年第十七届长三角法学论坛主题为"'十四五'长三角区域社会治理现代化的法治保障研究"。